Vatikan - Wahrsagende Schlange

Vatikan - Wahrsagende Schlange

Steffen Fuchs

Autor: Steffen Fuchs
Coverdesign: Steffen Fuchs
ISBN: 9789462547216
Verlag: Mein Bestseller
Veröffentlicht: 2014
© Steffen Fuchs

„Dass die Kirche von Rom mehr unschuldiges Blut vergossen hat als irgendeine andere Institution, die jemals auf Erden existierte, wird von niemandem in Frage gestellt [...] Es ist unmöglich, eine völlige Vorstellung der Anzahl ihrer Opfer zu bekommen, und es ist sicher, dass keine Vorstellungskraft ausreicht, um sich nur annähernd ihre Leiden vorzustellen." *W.H. Lecky, Historiker*

Inhaltsverzeichnis

Prolog 7
Die römische Kirche in der Bibel 11
Das Geld & die Vatikanbank 27
Der Index des Vatikan 35
Verbrechen der römischen Kirche 37
Kindesmißbrauch 51
Kollaboration mit dem Faschismus 61
Heidentum im Christengewand 87
Papst Johannes Paul II. 111
Die Jesuiten und der schwarze Papst 113
Die Neue Weltordnung 117
Was die Zukunft bringt 131
Epilog 147

Prolog

Das Wort *Vatikan*, setzt sich aus den beiden lateinischen Worten *Vatis* = wahrsagend und *Canus* = Schlange zusammen.

Die *katholische* Kirche bezeichnet sich also als ‚Wahrsagende Schlange'. Wenn sie sich jetzt mal kurz an die *Bibel* und die Geschichte im *Garten Eden* mit *Adam*, *Eva* und der *Schlange* erinnern, sollte der Groschen fallen.

Und auch das Wort *katholisch* vom griechischen *katholikos* abgeleitet, wurde auch *nicht zufällig* gewählt. Es bedeutet *allgemein* bzw. *allgemeingültig* oder aber *über alles* bzw. *alle herabkommend*. Hier zeigt schon *ethymologisch* der *totale Herrschaftsanspruch* dieser Organisation.

Und dann ist da noch so eine Merkwürdigkeit. Der Dom wird *Pertersdom* genannt und der große Platz davor, *Petersplatz*. Wieso nicht *Jesusdom* und *Jesusplatz?* Nun, ich denke das liegt daran, dass *Petrus* nicht *irgendein Jünger* war, sondern derjenige der Jesus in der Nacht nach dessen Festnahme dreimal *verleugnet* hat.

Matthäus 26:33-35: *Petrus sprach zu ihm: Wenn auch alle an dir Anstoß nehmen, so werde doch ich niemals Anstoß nehmen! Jesus spricht zu ihm: Wahrlich, ich sage* *dir: In dieser Nacht, ehe der Hahn kräht, wirst du mich dreimal verleugnen!* [...]

Und in **Matthäus 26:69-75,** können Sie lesen, dass es dann auch genauso gekommen ist.

Merkwürdigerweise, findet man im *Petersdom*, immer wieder Gemälde und Statuen von *Drachen*. Und für wen dieser in der Bibel steht, sollten Sie wissen – *Satan*, den *Teufel*. Eine *Drachenstatue*, scheint sogar den Sarkophag von *Papst Gregor XIII.* zu bewachen. Sieht mir nach einer sehr *vertrauensvollen* Beziehung aus.

Und bemerkenswerter Weise, sagte *Papst Paul IV.* bereits 1963: „Der Rauch Satans hat das Heiligtum betreten." Allerdings war der schon von Anfang dort und *heilig* war die *römische* Kirche noch nie – Ganz im Gegenteil! „Der Teufel in der *katholischen* Kirche ist so beschützt, wie ein Tier im Wildgehege das von der Regierung geschützt wird. Es verbietet jedem, insbesondere Jägern, es zu fangen oder zu töten.", sagte *Erzbischof Milingo*, ehemaliger Exorzist.

Und wie dieses Buch zeigen wird, sind dies alles *mitnichten* Zufälligkeiten, sondern es steckt *System* dahinter. Die *katholische* Kirche ist ein *Werk des Teufels* und sie steht *loyal* in seinen Diensten. Und ihr *wahres* Wesen erkennt man nicht nur am oben erwähnten sondern auch an ihren *Doktrinen*, der *Inquisition*, der *Kollaboration* mit dem *Faschis-*

mus, der *Pädophilie* und *vielen anderen* Verbrechen.

Die römische Kirche in der Bibel

Das Aufkommen und Wirken der römischen Kirche, wird in der *Heiligen Schrift* offenbart.

Das Buch Daniel

Im **Buch** des Propheten **Daniel Kapitel 7**, finden wir die *Vision der vier Weltreiche*. Einen Teil dieser Vision wollen wir uns näher ansehen, um so auf die Spur der *katholischen* Kirche in der Bibel zu kommen. Eines Nachts hatte der Prophet *Daniel* folgende Vision:

Ich sah bei Nacht in meinem Gesicht, und siehe, die vier Winde des Himmels brachen los auf das große Meer; und vier große Tiere stiegen aus dem Meer empor, jedes verschieden vom anderen. [...] Nach diesem sah ich in den Nachtgesichten und siehe, ein viertes Tier, furcht erregend, schrecklich und außerordentlich stark; es hatte große eiserne Zähne, fraß und zermalmte und zertrat das Übrige mit den Füßen; es war ganz anders als alle vorherigen Tiere und hatte zehn Hörner.

Während ich acht gab auf die Hörner, siehe, da stieg ein anderes, kleines Horn zwischen denselben auf, und drei der vorherigen Hörner wurden vor ihm ausgerissen; und siehe, dieses Horn hatte Augen wie Menschenaugen und ein Maul, das große Dinge redete.

Hierauf wünschte ich sichere Auskunft über das vierte Tier, das sich von all den anderen unterschied [...].

Ich schaute, wie dieses Horn Krieg führte mit den Heiligen und sie überwand, bis der Hochbetagte kam und den Heiligen des Allerhöchsten das Gericht übergab und die Heiligen das Reich in Besitz nahmen. Er sprach: Das vierte Tier bedeutet ein viertes Reich, das auf Erden sein wird; das wird sich von allen anderen Königreichen unterscheiden, und es wird die ganze Erde fressen, zerstampfen und zermalmen.

Und die zehn Hörner bedeuten, dass aus jenem Reich zehn Könige aufstehen werden; und ein anderer wird nach ihnen aufkommen, der wird verschieden sein von seinen Vorgängern und wird drei Könige erniedrigen. Und er wird [freche] Reden gegen den Höchsten führen und die Heiligen aufreiben, und er wird danach trachten, Zeiten und Gesetz zu ändern; und sie werden in seine Gewalt gegeben für eine Zeit, zwei Zeiten und eine halbe Zeit. Aber das Gericht wird sich setzen und ihm die Herrschaft wegnehmen, um sie endgültig zu vertilgen und zu vernichten.

Diesen Versen, können wir folgendes über den neuen Faktor entnehmen:

- die Macht geht aus dem *Römischen Reich* hervor,

- kam zeitlich *nach* den *germanischen* Stämmen,
- drei davon wurden auf *ihren* Geheiß vernichtet,
- es ist eine *Christen* verfolgende Macht,
- sie änderte die Gesetze Gottes,
- es ist eine *politisch-religiöse* Macht und
- sie lästert Gott indem sie vorgibt *Gott* zu sein
- und Sünden vergeben zu können.

All dies trifft exakt **nur** auf die *römisch-katholische Kirche* zu, und somit symbolisiert hier das *kleine Horn* das **Papsttum**!

Bei diesem vierten Tier, kann es sich, schon aufgrund der Parallelen zu **Daniel Kapitel 2**, nur um *Rom* handeln. Ebenfalls sind die *eisernen* Zähne eine Anspielung auf das „eiserne Rom". Daniel erklärt später, dass die zehn Hörner Könige darstellen. Diese zehn Könige entstammen den 10 *germanischen* Stämmen, welche aus dem *Römischen Reich* hervorgingen.

Im 5. Jahrhundert, nach Angriffen der Barbaren, wurde *Rom* selbst – zum ersten Mal seit Jahrhunderten – erobert und geplündert. Nachdem das *Römische Reich* im Westen zusammen gebrochen war, versuchten nacheinander drei Führer von barbarischen Stämmen und zwar die *Ostgoten*, *Heruler* und zuletzt die *Vandalen*, die Nachfolge des *römischen* Kaisers anzutreten. Zunächst wurde auch jedes dieser Völker vom *oströmischen* Kaiser offiziell als legitime Regierung im Westen anerkannt. Zuletzt nachdem im Jahre 429 n. Chr. *West-Rom* von den *Vandalen* überrannt, besiegt und vernichtet worden war.

Nach Jahren des Kampfes, schlossen sie im Jahre 435 einen Vertrag, mit dem sie als Fortführung des Imperiums in *Nordafrika* anerkannt wurden. Doch die *Vandalen* versuchten, ihren Machtbereich auszuweiten und die komplette Übernahme des *Römischen Reiches* anzustreben. Im Jahr 455 n. Chr. plünderten sie dann *Rom* und zwar so gründlich, dass sich bis heute die Redewendung „Vandalismus" erhalten hat, um einen rücksichtslosen Umgang mit fremden Eigentum zu beschreiben. Obwohl dem *Römischen Reich* somit eine *tödliche* Wunde. zugefügt wurde, war dies noch nicht das Ende vom Lied!

Offenbarung 13:3: *Und ich sah einen seiner Köpfe wie zu Tode verwundet, doch seine Todeswunde wurde geheilt. Und die ganze Erde sah verwundert dem Tier nach.*

Und nun gab es da noch einen weiteren, an Einfluss gewinnenden Faktor im *Westen*, der letztlich das völlige Verschwinden der drei Stämme verursachte.

Dieser war der *Bischof von Rom*. **Daniel 7:8:** *Während ich Acht gab auf die Hörner, siehe, da stieg ein anderes, kleines Horn zwischen denselben auf, und drei der vorherigen Hörner wurden vor ihm ausgerissen [...].*

Das kleine Horn symbolisiert das *Papsttum*. Die Stämme der *Vandalen*, *Heruler* und *Ostgoten* waren diesem ein Dorn im Auge. Obwohl sie sich zum *Christentum* bekannten, waren sie Anhänger des so genannten *Arianismus*, einer Glaubensrichtung, welche die *Dreieinigkeit* ablehnte. Sie wurden deshalb als Bedrohung für die religiöse Einheit angesehen.

Die ersten drei Reiche, die aus dem alten Imperium empor kamen, also die *Vandalen*, *Heruler* und *Ostgoten*, wurden ausgerottet. Die Macht des *oströmischen* Kaisers ermöglichte dieses „Ausreißen" auf *Geheiß des Papstes*. Und durch diese „Imperiale Restauration" *Justinians* von 554 n. Chr. „heilte" schließlich die „tödliche Wunde" und dies war gleichzeitig, der erste von sechs historischen Anläufen, das Reich *Roms* als ‚Heiliges Römisches Reich' wieder zu erwecken. Und gemäß der Bibel wird es in der nahen Zukunft noch einen siebten und letzten Versuch geben. Das können Sie meinem Buch: Die sieben ‚Heiligen' Römischen Reiche entnehmen.

Die *tödliche Wunde* muss sich auf Untergang oder die Vernichtung eines *Reiches* beziehen. Denn eines der *Häupter* hat die Wunde, *nicht* das kleine Horn! So wird dies irrtümlicherweise von den ‚Siebten Tags Adventisten' interpretiert. Man darf dies nicht verwechseln, ebenso wenig wie die *Zahl des Tieres* mit dem *Papst* und seiner *Krone* in

Verbindung zu bringen, wie dies die Adventisten tun. Und da ich gerade bei den Adventisten bin, diese interpretieren auch das Lamm in **Offenbarung 13** und anderes falsch. Deshalb rate ich grundsätzlich davon ab, sich auf deren Auslegungen der Bibelprophetie zu verlassen.

Die Bibel legt sich selbst aus, gemäß **2. Petrus 1:20:** *Und vor allem sollt ihr wissen, dass keine Prophetie in der Schrift eine Sache eigener Auslegung ist.*

Das Buch der Offenbarung

Neben dem dem Propheten *Daniel*, hilft uns auch das Buch der Offenbarung dabei, die römische Kirche zu identifizieren. Deshalb beschäftigen wir uns als nächstes mit **Offenbarung Kapitel 13** und den Metaphern, die darin vorkommen.

Das Tier aus dem Meer

Und ich sah aus dem Meer ein Tier aufsteigen, das sieben Köpfe und zehn Hörner hatte und auf seinen Hörnern zehn Kronen, und auf seinen Köpfen einen Namen der Lästerung. Und das Tier, das ich sah, glich einem Panther, und seine Füße waren wie die eines Bären und sein Rachen wie ein Löwenrachen; und der Drache gab ihm seine Kraft und seinen Thron und große Vollmacht. Und ich sah einen seiner Köpfe wie zu Tode verwundet, und seine Todeswunde wurde geheilt. Und die ganze Erde sah verwundert dem

Tier nach. Und sie beteten den Drachen an, der dem Tier Vollmacht gegeben hatte, und sie beteten das Tier an und sprachen: „Wer ist dem Tier gleich? Wer vermag mit ihm zu kämpfen?"

Und es wurde ihm ein Maul gegeben, das große Worte und Lästerungen redete; und es wurde ihm Macht gegeben, 42 Monate lang zu wirken. Und es tat sein Maul auf zur Lästerung gegen Gott, um seinen Namen zu lästern und sein Zelt und die, welche im Himmel wohnen. Und es wurde ihm gegeben, Krieg zu führen mit den Heiligen und sie zu überwinden; es wurde ihm Vollmacht gegeben über jeden Volksstamm und jede Sprache und jede Nation.

Und alle, die auf der Erde sind, werden es anbeten, deren Namen nicht geschrieben stehen im Buch des Lebens des Lammes, das geschlachtet worden ist von Grundlegung der Welt an. Wenn jemand ein Ohr hat, der höre! Wenn jemand in Gefangenschaft führt, so geht er in die Gefangenschaft wenn jemand mit dem Schwert tötet, so soll er durchs Schwert getötet werden. Hier ist das standhafte Ausharren und der Glaube der Heiligen!

Das hier beschriebene Tier entspricht dem *vierten* Tier aus **Daniel 7** und stellt die kontinuierliche Entwicklung der Weltreiche gegen Gott dar. Jedes Reich hat die *charakteristischen Merkmale* des *Vorgängers*, wie auch die *Gebiete* in sich vereinnahmt. Und da es in den Visionen *Daniels* nur vier Reiche gibt, wissen wir auch, dass es sich um die letzte Auferstehung des *Römischen Reiches* handelt. Ebenfalls lässt die Erwähnung der tödlichen Wunde darauf schließen.

Das Tier aus der Erde

Und ich sah ein anderes Tier aus der Erde aufsteigen, und es hatte zwei Hörner wie ein Lamm und redete wie ein Drache. Und es übt alle Vollmacht des ersten Tieres aus vor dessen Augen und bringt die Erde und die auf ihr wohnen dazu, dass sie das erste Tier anbeten, dessen Todeswunde geheilt wurde.

Und es tut große Zeichen, so dass es sogar Feuer vom Himmel auf die Erde herabfallen lässt vor den Menschen. Und es verführt die, die auf der Erde wohnen, durch die Zeichen, die vor dem Tier zu tun ihm gegeben sind, und es sagt denen, die auf der Erde wohnen, dass sie dem Tier, das die Wunde von dem Schwert hat und am Leben geblieben ist, ein Bild machen sollen. Und es wurde ihm gegeben, dem Bild des Tieres einen Geist zu verleihen, so dass das Bild des Tieres sogar redete und bewirkte, dass alle getötet wurden, die das Bild des Tiers nicht anbeteten.

Und es bewirkt, dass allen, den Kleinen und den Grossen, den Reichen und Armen, den Freien und den Knechten, ein Malzeichen gegeben wird auf ihre rechte Hand oder auf ihre Stirn, und dass niemand kaufen oder verkaufen kann als nur der, welcher das Malzeichen hat oder den

Namen des Tieres oder die Zahl seines Namens. Hier die Weisheit! Wer das Verständnis hat, berechne die Zahl des Tieres, denn es ist die Zahl eines Menschen, und seine Zahl ist 666.

Dieses Tier muss aufgrund seiner Beschreibung eindeutig eine *spirituelle* Institution bzw. deren *Oberhaupt* darstellen. Da haben wir zunächst den Begriff *Lamm*, der mit *Jesus* assoziiert wird, und auch die *Zeichen* und *Wunder*, welche es vollbringen wird. Die beiden *Hörner* symbolisieren die *doppelte Herrschaft* des *Papstes* als spirituelles wie auch *weltliches* Oberhaupt des *Vatikans*.

Der Vollständigkeit halber, sei an dieser Stelle auch noch ‚Maytrea' erwähnt. Wer ist dieser *Maytrea*?

Es handelt sich bei dieser Person, um jemanden, der schon seit Jahrzehnten dafür vorbereitet wird, die Rolle eines *Weltenlehrers* einzunehmen. Mit seiner Hilfe bzw. seinen Lehren, sollen alle Weltreligionen zu einer einzigen verschmolzen werden, denn in der ‚Neuen Weltordnung', wird alles vereinheitlicht werden.

Da in der Bibel auch von einem ‚falschen Propheten' gesprochen wird, halte ich es auch für denkbar, dass nicht der *Papst* die Wunder vollbringen wird, sondern dass dieser *Maytrea* lediglich als *Christus* preist und ausruft.

Dadurch, dass die beiden Tiere zusammenarbeiten und das erste Tier als das ‚Heilige Römische Reich' identifiziert wurde, ist klar, dass es sich hierbei um die *katholische Kirche* und entweder in Person, den *Papst* oder *Maytrea* handelt. Es sieht aus wie ein *Lamm*, der *Papst* ganz in *weiß* gekleidet und bemüht *christlich* zu wirken, aber es redet wie ein *Drache*, dass sind die *teuflischen* Doktrinen, mit welchen der *Vatikan* das Christentum verfälscht hat. Umgekehrt verhält es sich mit *Maytrea* genauso, dazu braucht man nur einmal ein Bild von ihm zu sehen. Man denkt spontan an *Jesus Christus*.

Die Zahl des Namens

Was hat es mit der Zahl 666 auf sich? Was meint die Bibel, wenn sie sagt, dass es die Zahl eines Menschen ist?

Bevor die *arabischen* Ziffern in der westlichen Welt eingeführt waren, wurden die Buchstaben *ersatzweise* als Zeichen für Zahlen verwendet. Somit hatte jeder *Name* einen *Zahlenwert*. Die meisten sind mit den *römischen* Ziffern vertraut, bei denen die Buchstaben einen Zahlenwert besitzen. In diesem System bedeuten I=1, V=5, X=10 usw. Das *Hebräische* und das *Griechische*, die beiden Sprachen, in denen die Bibel *originär* geschrieben wurde, kannten ein ähnliches System.

Lateinos ist die griechische Bezeichnung für „lateinischer Mann" oder „Römer." Auch hat der griechische Ausdruck für „das Lateinische Reich" (*latine basileia*) den Zahlenwert 666. Die Griechen nannten so das Römische Reich. Das

Buch der Offenbarung wurde originär in Griechisch verfasst. Die numerische Bedeutung hinsichtlich des Namens oder eines besonderen Titels, steht im Bezug zum endzeitlichen Führer, weil dieser in der Tradition des *Römischen Reiches* steht.

Es ist deshalb definitiv nicht so, wie es die *Adventisten* interpretieren! Auch wenn sich das mit der Inschrift auf der *Krone des Papstes* logisch anhört. Aber wie bereits gesagt: Das *Tier aus dem Meer* ist die letzte Auferstehung des *Römischen Reiches* und das *Tier aus der Erde*, welches das Zeichen für das erste Tier erwirkt, stellt den *Vatikan* da.

Auf das Sache mit dem Malzeichen des Tieres im Kontext des RFID-Chips, gehe ich im Kapitel über die NWO ein.

Versuchen Sie sich nicht an der Interpretation, dass dieses Tier *aus der Erde* aufsteigt. Es wird nicht von der Bibel ausgelegt und deshalb ist es auch nicht zu deuten, denn die Bibel legt sich selbst aus.

Wir fanden hier das Tier aus **Offenbarung 17** in zwei Entitäten aufgeteilt vor, wie Sie jetzt sehen werden.

Die große Hure Babylon

Und einer von den sieben Engeln, welche die sieben Schalen hatten, kam und redete mit mir und sprach zu mir: Komm! Ich will dir das Gericht über die große Hure zeigen, die an den vielen Wassern sitzt, mit der die Könige der Erde Unzucht getrieben haben, und von deren Wein der Un-

zucht die, welche die Erde bewohnen, trunken geworden sind. Und er brachte mich im Geist in eine Wüste.

Und ich sah eine Frau auf einem scharlachroten Tier sitzen, das voll Namen der Lästerung war und sieben Köpfe und zehn Hörner hatte. Und die Frau war gekleidet in Purpur und Scharlach und übergoldet mit Gold und Edelsteinen und Perlen; und sie hatte einen goldenen Becher in ihrer Hand, voll von Gräueln und der Unreinheit ihrer Unzucht, und auf ihrer Stirn war ein Name geschrieben: Geheimnis, Babylon, die Große, die Mutter der Hurerei und der Gräuel der Erde.

Und ich sah die Frau berauscht vom Blut der Heiligen und vom Blut der Zeugen Jesu; und ich verwunderte mich sehr, als ich sie sah. Und der Engel sprach zu mir: Warum verwunderst du dich? Ich will dir das Geheimnis der Frau sagen und des Tieres, das sie trägt, das die sieben Köpfe und die zehn Hörner hat. Das Tier, das du gesehen hast, war und ist nicht mehr, und es wird aus dem Abgrund heraufkommen und ins Verderben laufen; und die auf der Erde wohnen, deren Namen nicht geschrieben stehen im Buch des Lebens von Grundlegung der Welt an, werden sich verwundern, wenn sie das Tier sehen, das war und nicht ist und doch ist.

Hier ist der Verstand [nötig], der Weisheit hat! Die sieben Köpfe sind sieben Berge, auf denen die Frau sitzt. Und [es] sind sieben Könige: Fünf sind gefallen, und der eine ist da — der andere ist noch nicht gekommen; und wenn er kommt, muss er für eine kurze Zeit bleiben.

Und das Tier, das war und nicht ist, ist auch selbst der achte, und es ist einer von den sieben, und es läuft ins Verderben. Und die zehn Hörner, die du gesehen hast, sind zehn Könige, die noch kein Reich empfangen haben; aber sie erlangen Macht wie Könige für eine Stunde zusammen mit dem Tier. Diese haben einen einmütigen Sinn, und sie übergeben ihre Macht und Herrschaft dem Tier. Diese werden mit dem Lamm Krieg führen, und das Lamm wird sie besiegen — denn es ist der Herr der Herren und der König der Könige — und mit ihm sind die Berufenen, Auserwählten und Gläubigen.

Und er sprach zu mir: Die Wasser, die du gesehen hast, wo die Hure sitzt, sind Völker und Scharen und Nationen und Sprachen. Und die zehn Hörner, die du auf dem Tier gesehen hast, diese werden die Hure hassen und sie verwüsten und sie entblößen, und sie werden ihr Fleisch verzehren und sie mit Feuer verbrennen. Denn Gott hat ihnen ins Herz gegeben, seine Absicht auszuführen und in einer Absicht zu handeln und ihr Reich dem Tier zu geben, bis die Worte Gottes erfüllt sind. Und die Frau, die du gesehen hast, ist die große Stadt, die Herrschaft ausübt über die Könige der Erde.

Der *Vatikan* bzw. früher die *römische Kirche*, wird durch die *Hure* auf dem *Tier* repräsentiert. Das *Tier* wiederrum stellt das ‚Heilige Römische Reich' dar, die Weiterführung des *Römischen Reiches*, nach dessen Zusammenbruch. Die *zehn Hörner* auf dem siebten Haupt stellen zehn *europäische* Staatschefs da, welche ihre Macht an den ‚König des Nordens', einen Mann von *deutscher* oder *österreichischer* Abstammung, übertragen werden. Die *sieben Köpfe* des Tieres stellen die sukzessiven Wiederauferstehungen dieses Reiches dar.

Das dieser auch als der „achte" bezeichnet wird liegt daran, dass seine letzte Wiedererstehung, der Kopf mit den zehn Hörnern, eine *globale Weltdiktatur* errichten wird. Er selbst, der siebte, repräsentiert ja das ‚Heilige Römische Reich' in *Europa*. Aber nach dem dritten Weltkrieg, wird es weiter *expandieren*. Allerdings wird diese Sache am Ende fürchterlich schief gehen, wie wir bereits wissen und deshalb werden die *zehn Könige* wie in Vers 16 beschrieben, über die Hure herfallen, weil sie diese dafür verantwortlich machen.

Die *Namen der Lästerung* beziehen sich auf die *Papstkrone* und auf deren lateinische Inschrift welche da lautet: ‚Vicarius filii dei', d.h. Stellvertreter Gottes auf Erden, eine *Blasphemie* erster Klasse! Dass die Frau in *Purpur* und *Scharlach* gekleidet und mit *Edelsteinen* geschmückt ist deutet ganz klar auf die *katholische Priesterschaft* und den Saum in diesen Farben über deren Gewändern. Und der goldene *Becher voll der Gräuel* bezieht sich auf die *Opfer der Inquisition*.

Rom ist als die Stadt auf *sieben Hügeln* bekannt und die sieben Könige sind die Herrscher der jeweiligen Auferstehung des „Heiligen" *Römischen Reiches*. Warum ist das Tier als *scharlachrot* beschrieben? Ich nehme an, das spielt auf die *Fahne Roms* an. Diese war dunkelroter Grund mit dem goldenen Adler, welcher ein Schild mit den Buchstaben S.P.Q.R. in seinen Greifen hält: Senatus Populus Que Romanus, auf Deutsch: Senat und Volk von Rom.

Wie man den letzten Absätzen entnehmen kann, bezieht sich diese Prophezeiung auf die Zukunft, denn es ist noch nicht so geschehen. Auch dass *Lamm*, also der wiederkehrende *Christus* ist noch nicht da. Dass gesagt wird fünf Könige seien gefallen und *einer ist*, könnte Sie vielleicht etwas verwirren, denn wo sollte der sein. Dazu müssen Sie wissen, dass sowohl das **Buch Daniel**, wie auch die **Offenbarung** zunächst versiegelt waren. Sie sind ausschließlich für die *Endzeit* bestimmt. Und diese hat laut Bibel, Mitte des letzten Jahrhunderts mit der Gründung des Staates *Israel* begonnen. Da man also erst nicht allzu lange vor diesem Zeitpunkt, angefangen hatte sich mit diesen Büchern zu befassen, muss sich dies auf das sechste Haupt und damit auf *Mussolini* und *Hitler* beziehen.

Das Geld & die Vatikanbank

Der *Vatikan* ist im Besitz eines *beträchlichen* Vermögens, das über den *gesamten Globus* verteilt ist.

Besitz und Vermögen

Papst Stefan II. behauptete, dass *Kaiser Konstantin* ihm das *gesamte Abendland* geschenkt habe. Dem *Vatikan* und seinen über 30.000 katholischen Einrichtungen gehören 22 Prozent der Immobilien in *Rom*, das ist fast jedes fünfte Haus. Er besaß 1952 einen Goldschatz im Wert von 11,5 Mrd. Euro und damit die zweitgrößte Goldreserve nach den *USA* im Jahr. Der *Vatikan* selbst, gibt keinerlei Zahlen preis.

Er besitzt zahlreiche *römische* Banken und Immobilien, Italgas und andere Firmen. Er ist der größte Grundbesitzer der *westlichen* Welt, besitzt allein in *Deutschland* 850.00 ha Fläche, in *Italien* 500.000 ha, in den *USA* 1.1 Mio. ha Ackerland und des weiteren, 20 % aller Felder in *Lateinamerika*. Er ist der *größte religiöse Wirtschaftskonzern* der Welt. Die Aktiva des *Vatikans* im Jahr 1958 betrugen 50 Mrd. Mark. Das geschätzte Vermögen des Vatikan heute beträgt 500 Mrd. Euro.

Wie passt das mit den Worten von Jesus Christus in

Matthäus 6:19-21 zusammen: *Ihr sollt euch nicht Schätze sammeln auf Erden, wo Motten und der Rost sie fressen und wo die iebe es stehlen. Sammelt euch vielmehr Schätze im Himmel, wo weder die Motten noch der Rost sie fressen und wo die Diebe es nicht stehlen! Denn wo euer Schatz ist, da wird auch euer Herz sein. Hortet Schätze im Himmel.*

Der *Vatikan* ist engagiert in den Bereichen Immobilien, Plastik, Elektronik, Stahl, Zement, Textilien, Chemie, Nahrung und Bauwirtschaft. Er ist auch beteiligt an der Firma Italgas, welche Tochterfirmen in 36 *italienischen* Städten hat. Desweiteren ist der *Vatikan* beteiligt an Teer, Eisen, Destilation, Industrieöfen etc. Es besitzt mehrere Banken in *Rom* und ist in *Nord- Süd-* und *Lateinamerika* sowie in *Europa* an Industrieunternehmen beteiligt.

Laut dem Buch „Vatikan AG" von Gianluigi Nazzi entspricht der Grundbesitz des *Vatikan* in *Deutschland*, der Fläche von *Hamburg, Bremen, Berlin* und *München* zusammen. *Rom* ist zu ¼ in Kirchenbesitz. Ihr gehören ganze Stadtteile, fast 1/3 aller Immobilien und 2.500 Paläste in *Rom*. Dieses taucht aber im *Katasteramt* nicht auf, da der *Vatikan* ein *Staat* ist und es unter *ausländische Territorien* fällt.

Somit sind *Spendenaufrufe* der Kirche für die 3. Welt nichts als *Hohn und Spott*. Was hat das mit den Lehren Jesu zu tun, der ein einfacher Mann war und als Handwerker sein Geld verdiente? Absolut gar nichts! Und wie sie im Kapitel über die Verbrechen noch sehen werden, ist der größte Teil dieses Vermögens *ergaunert* oder stammt aus Geschäften wie *Sklaverei*, *Prostitution* und *Raub in Lateinamerika*.

Eine weitere, leider *legale* Einnahmequelle des Vatikans, liegt in der *weltweiten Einmaligkeit*, der vom Staat eingetriebenen *Kirchensteuer*, in *Deutschland*. Dies war ein Geschenk des *Führers*, welches seinen Untergang überdauert hat. Hinzu kommen aber noch jede Menge anderer Zahlungen des Staates für die Kirche. Der-Staat zahlt für *Religionsunterricht*, *Ausbildung* der *Lehrer* und *Subventionen* für *Denkmalschutz* von *Kirchen*. Er zahlt ebenfalls für die *Ausbildung* von *Priestern*, *Kardinälen*, *Bischöfe* usw. 10 Mrd. € pro Jahr. Er zahlt ebenfalls für katholische *Kindergärten* 14 Mrd. pro Jahr.

Darüber schrieb der ‚Spiegel' am 8. Juni 2010.

Das liebe Geld der Kirchen

Die Bundesregierung spare und streiche, aber kirchliche Gehälter verschone sie. Die Bezüge würden seit 200 Jahren vom Staat getragen und niemand scheine daran etwas ändern zu wollen, obwohl 2009 fast eine halbe Milliarde gezahlt wurde.

Im Rahmen des Megasparpakets der Bundesregierung,

sollen Arbeitslosenzuschüsse gekürzt, Hartz-4 Empfängern das Elterngeld gestrichen und der Bundeswehr 4.000 Stellen genommen werden. Ein Kostenfaktor bleibt von den Sparmassnahmen verschont, die Gehälter kirchlicher Würdenträger. Hier könnten jährlich mehrer Milliarden Euro eingespart werden, denn die Gehälter von Bischöfen, Vikaren und Priestern würden von Steuergeldern bezahlt, unabhängig von der Kirchensteuer.

Im Gespräch mit Spiegel TV erklärt Kirchenexperte *Karsten Ferk* die Lage am Beispiel *Bayern*. Die sieben Bistümer des Freistaates, hätten jährliche Einnahmen von rund 2 Mrd. Euro, trotzdem zahle das Land die Gehälter. In *Bayern* seien damit allein im vergangen Jahr 65 Mio. Euro vom Freistaat an die katholische Kirche geflossen. Hinzu kämen 21 Millionen für die evangelischen Kollegen. Auch *Baden-Württemberg* zeigte großzügig, je 49 Mio. Habe das Land 2009 an die Kirchen gezahlt. Im protestantischen Norden fallen die Zahlungen geringer aus, sind aber trotzdem beeindruckend. Die evangelische Kirche erhalte im Land *Niedersachsen* 30 Mio., die Katholiken 7.6 Mio. Euro. Insgesamt zahle *Deutschland* pro Jahr mehr als 442 Mio. Euro für die Personalkosten der Kirchen.

Die Empfänger der Gehälter haben daran nichts auszusetzen. *Georg Ratzinger* katholischer Priester und Bruder des letzten *Papstes* sagte Spiegel TV, dass es angemessen sei, dass kirchliche Würdenträger vom Staat bezahlt werden. Schließlich habe der Staat auch die Kirche geplündert und viel gestohlen. Auch *Gerhard Ludwig Müller*, Bischof des Bistums Regensburg, kann an den hohen Zahlungen nichts Ungerechtes finden. Er und seine Kollegen bekämen ihr Gehalt aus dem Vermögen, das der Staat der Kirche vor 200 Jahren genommen habe. Das seien vertragliche Verpflichtungen und die sollen auch weiter gelten.

Und diese Regelungen gehen in der Tat auf vereinbarte Ersatzzahlungen zwischen Staat und Kirche zurück, dieser Beschluss stammt aus dem Jahre 1803. Am 25. Februar 1803 hatte die Reichsdeputation in Regensburg die Reichskirche mit ihrem enormen Besitz enteignet. Es geht dabei um 4 Bistümer, 18 Erzbistümer 80 Abteien und mehr als 200 Klöster. Im Gegenzug bekommen seither die Kirchen für ihre Vermögensverluste, jährliche Zahlungen aus der Staatskasse.

Dass die Vereinbarung auch 200 Jahre später noch gilt, daran hätte damals wohl keiner gedacht, so erklärte *Prof. Horst Hermann*. Trotzdem stelle aber niemand das Abkommen in Frage. Das *Kaiserreich* hat gezahlt, die *Weimarer Republik* hat gezahlt, *Hitler* hat gezahlt und die *BRD* zahlt immer noch. Das Grundgesetz sieht vor, dass die Zahlungen vom Staat an die Kirche irgendwann ein Ende haben. Ein Zeitpunkt wurde bislang aber nicht festgelegt. [...]

Die Bank des Vatikans

Die *Vatikanbank* ist bekanntermassen in dubiose Geschäfte verstrickt. Bereits zum Zeitpunkt des Attentates auf *Papst Johannes Paul II.*, gab es Vermutungen, dass dieses damit in Verbindung stehen könnte. Zum Beleg für die aktuellen Skandale, hier einige Auszüge aus Zeitungsartikeln. Am 04. Dezember 2013 stand im ‚Focus':

Kampf gegen Korruption: Franziskus baut Vatikanbank um

Mit der Ethik hatte die Bank es in der Vergangenheit nicht so genau genommen. Kaum ein Geldinstitut war so in Skandale verwickelt wie die Kirchenbank. Geldwäsche und Korruption schienen alltäglich. Das, was davon gelegentlich an die Öffentlichkeit drang, glich einem Krimi. So die Geschichte des *Roberto Calvi*: Der "Bankier Gottes", wie er wegen seiner engen Beziehungen zur Vatikanbank genannt wurde, wusch Drogengelder der *Mafia* und endete 1982 erhängt unter der *Londoner* Blackfriars Bridge.

Die Skandale hörten nicht auf. Anfang dieses Jahres stoppte die *italienische* Bankaufsicht den Kredit- und EC-Kartenverkehr der Vatikanbank, weil diese sich partout nicht den EU-Regeln gegen die Geldwäsche unterwerfen wollte. Und an diesem Dienstag begann in *Rom* der Prozess gegen Prälat *Nunzio Scarano*, den langjährigen Rechnungsprüfer der vatikanischen Güterverwaltung.

Er habe nur Freunden einen Gefallen tun wollen, behauptete der gefallene Geistliche *Scarano*. Doch bei den Vernehmungen soll er viel über Korruption und Schwarzgeldgeschäfte im Umfeld der *Vatikanbank* erzählt haben. Bei der wird seither erstmals gründlich aufgeräumt.

Und am 21. Januar 2014 schrieb ‚Focus':

Vatikanbank-Affäre: Geldwäsche-Vorwürfe gegen Scarano

Gegen den ranghohen Vatikan-Geistlichen *Nunzio Scarano* seien neue Geldwäsche-Vorwürfe laut geworden. Die italienische Finanzpolizei ermittelle wegen falscher Spenden in Millionenhöhe gegen den früheren Rechnungsprüfer des Vatikans.

Bereits seit vergangenem Jahr stehe der hochrangige Vatikan-Geistliche *Nunzio Scarano* schon unter Hausarrest: Gegen ihn laufe ein Prozess wegen Bargeldschmuggels. Jetzt werde *Scaranos* Anwalt zufolge in einem weiteren Fall gegen den Prälat ermittelt. Der langjährige Rechnungsprüfer der vatikanischen Güterverwaltung soll über die Vatikanbank Millionenbeträge gewaschen haben.

Laut Polizei seien vermeintliche Spenden in Millionenhöhe über Konten von *Scarano,* bei der Vatikanbank gewandert. Das Geld stamte von Offshore-Unternehmen. Im Zusammenhang mit den Ermittlungen wurden laut Polizei zwei weitere Personen festgenommen, darunter ein mit

Scarano befreundeter Priester. Zudem seien Geldbeträge in Millionenhöhe beschlagnahmt worden.

Bereits seit Dezember müsse sich der Prälat vor Gericht verantworten, weil er eine filmreife Schmuggelaktion organisiert haben solle. Der Anklage zufolge habe er einem Ex-Agenten des *italienischen* Geheimdienstes einen Scheck über 400.000 Euro gegeben - dafür sollte der Mann in einem Privatjet 20 Millionen Euro in die *Schweiz* schmuggeln, vermutlich Schwarzgeld. Das Vorhaben aber scheiterte und die Beteiligten landeten im Gefängnis.

Der Index des Vatikan

Es war *Papst Paul III.* – *Luther* nannte ihn eine genußsüchtige Sau – der mit Geliebten vier Kinder zeugte, seine Mutter und Schwester vergiftet haben soll und im Jahre 1542 die „Heilige Römische Inquisition" gegründet hat.

Ein Zitat von *Paul III.*: „Wenn mein Vater ein Ketzer wäre, ich selbst würde das Holz für seinen Scheiterhaufen zusammentragen." Die *Schwarze Liste* ist der *Index* des Vatikans. Ganz oben steht die *Bibel*. Im Jahr 1571 nahm die Index-Kongrigation die Arbeit auf und kontrollierte und verbot für hunderte Jahre Bücher.

Die erste große Herausforderung für *Rom* war *Luther*, die *Reformation* und der *Buchdruck*. Dadurch konnten sich rasend schnell neue Ideen verbreiten und die Kirche in Frage gestellt werden. Deshalb wurde dann, die *Inquisition* und der *Index* eingeführt.

Onkel Tom's Hütte befindet sich z. B. auf dem Index, weil es von einer *protestantischen* Autorin aus den *USA* verfasst wurde. *Mein Kampf* steht allerdings nicht auf dem Index, weil *Bibel* sage, die staatliche Obrigkeit sei zu akzeptieren, da alle Herrscher von Gott eingesetzt seien. *Das kommunistische Mannifest* und *Das Kapital* von *Karl Marx* hingegen, stehen auf dem Index.

Vielleicht irritiert es Sie jetzt, dass die *Bibel* auf dem Index des *Vatikans* steht, aber das ist durchaus logisch, denn die *römische* Kirche ist die „Große Hure Babylon" *und ihre Doktrinen* **widersprechen** in nicht *unerheblichen* Teilen der *Heiligen Schrift.*

Unliebsamen Theologen und Professoren, wird noch heut zu Tage, durch die *Glaubenskongrigation* die Lehrerlaubnis entzogen wie z. B. *Hans Küng, Eugen Drewermann, Uta Ranke Heinemann* und einigen Befreiungstheologen in Lateinamerika.

Die Bezeichnung „Latein"-amerika kommt übrigens von dem enormen Einfluss der *römischen* Kirche in diesem Teil der Welt. Und es ist noch nicht allzu lange her, dass die Messen in der Kirche, auf *Latein* gehalten wurden. Das hatte den selben Zweck wie die *Bibel* auf dem *Index* – Die Menschen sollen ja von der Wahrheit fern gehalten werden. Und wer spricht oder versteht schon *Latein?*

Verbrechen der römischen Kirche

Die Herrschaft der römischen Kirche begann im 6. Jahrhundert.

Im Jahre 538 n. Chr. machte *Kaiser Justinian*, per Dekret, den ‚Bischof von Rom', von nun an *Papst* genannt, zum *Haupt aller Kirchen, Begründer der Lehren und Richter der Ketzer*.

Aus dieser antiken Zeit, stammt die *ungeheuerste* Fälschung aller Zeiten, die „Konstantinische Schenkung". Kaiser *Konstantin* habe den Vorrang *Roms* über alle Kirchen anerkannt und den Päpsten die Herrschaft über das *gesamte Abendland* zugestanden. Der *römische* Bischof war bereits im 5. Jahrhundert größter Grundherr im ganzen *Römischen Reich*, und die Kirche Besitzer von 1/3 allen *europäischen* Bodens.

Die Kirche stahl und raubte was zu rauben war Burgen, Schlösser und im 4. Jahrhundert das Vermögen der Templer, im 6. Jahrhundert das aller für sie erreichbarer *Heiden*, sowie den Besitz von Millionen erschlagener und vertriebener *Juden*, *Ketzern* und *Hexen*.

Sie nahmen auch die *eigenen Schäfchen* durch immer höhere *Steuern* – allein *Papst Urban VIII.* hat nicht weniger als 10 erfunden - durch *Pacht, Zins, Erpressung, Ablass, Reliquienschwindel* und *Wunderbetrug* aus. *Italien* wurde am meisten ausgeplündert, *Rom* zur *armseligsten* Stätte des *Abendlandes* gemacht, die Einwohnerzahl sank von ca. 2 Mio. in heidnischer Zeit, auf knapp 20.000 im 14. Jahrhundert.

Henry Miller hat einmal gesagt: „Käme Jesus wieder würde er abermals gekreuzigt." Ein *Kardinal der Kurie* war so *ehrlich* hinzu zufügen „doch diesmal *nicht* in Jerusalem, sondern in *Rom*."

Auch waren durch den Einfluss der *römischen* Kirche in *Frankreich*, wie sonst *nirgends* in *Europa*, schwere *Verfolgungen* über *wahre* Christen ausgebrochen. In der *Bartholomäusnacht* 1572 wurden sehr viele Anhänger der *Reformation* ermordet. Die *Hugenotten* erklärte man gar für *vogelfrei*. Das Papsttum in *Rom* billigte die Unterdrückung der Bevölkerung und rechtfertigte alles mit der *Bibel*, so dass die Bevölkerung die Bibel ablehnte, obwohl diese sie gar nicht kannte.

Die Inquisition

Der Historiker *W. H. Lecky* schreibt zur Herrschaft der *römisch-katholischen* Kirche im finsteren Mittelalter, in seinem Buch ‚Rationalismus in Europa', dass die Kirche von *Rom* mehr unschuldiges Blut vergossen habe als *irgendeine* andere Institution, die jemals auf Erden existierte, werde von niemandem in Frage gestellt, der ausreichende Geschichtskenntnisse besitzt […] Es sei unmöglich, eine völlige Vorstellung der Anzahl ihrer Opfer zu bekommen und es sei sicher, dass keine Vorstellungskraft ausreiche, um sich nur annähernd ihre Leiden vorzustellen."

Während des Mittelalters hat die *römisch-katholische* Kirche ca. 100-150 Mio. Menschen, *grausam gefoltert* und *barbarisch hingerichtet*. Das ist in der Summe mehr als *beide Weltkriege*, der *Holocaust*, die *Säuberungen* von *Stalin* und die *Herrschaft* von *Mao* in *China* an Menschenleben gekostet hat.

Es wurden Millionen von *Juden*, *Andersgläubiger* und *Hexen verfolgt*, *gefoltert* und *barbarisch* getötet. Bereits ab Anklage wurde der *gesamte Besitz* der Beschuldigten beschlagnahmt, **ohne** jeglichen Beweis. Damit kein Erben übrig blieben, wurden diese **mit** ermordet oder vertrieben.

Die *Inquisition* diente nicht nur der Vernichtung von *Ketzern*, sondern auch der *Bereicherung* der Kirche. Darum ging es sogar in *erster* Linie. Teilweise wurde für jeden verbrannten Ketzer *Kopfgeld* und *Kollekte* gezahlt. Ein geflügeltes Wort aus jener Zeit lautet: „Das schnellste und leichteste Mittel um Reich zu werden, ist das Hexen brennen." So ließ ein *Mainzer* Dechant allein in 2 Dörfern über 300 Menschen verbrennen, nur um die Güter in seinem

Stift zu vereinigen.

Ein *Fuldaer* Schreiber bedrohte besonders die Reichen und rühmte sich in 19 Jahren 700 Menschen beiderlei Geschlechts, auf den Scheiterhaufen gebracht zu haben. In *Spanien* waren reiche *Juden* Opfer der *Inquisition*. Schon im 7. Jahrhundert wurde von der Kirche gegen sie gehetzt.

Im 15. Jahrhundert wurden alle *Juden* aus *Spanien* vertrieben. Ihr *kompletter Besitz* ist ohne Umwege, zum grössten Teil in den Händen der *Kirche* gelandet. Man enteignete sie, machten sie zu *Sklaven* oder brachte sie gleich um. In *Deckendorf, Niederbayern* wurden 1337 **alle** Juden ermordet. So entledigte man sich aller Schulden, die man bei ihnen hatte und die braven *katholischen* Bürger teilten deren Besitz unter sich auf.

Raub(mord) in Lateinamerika

Die Kirche hat bei der Eroberung *Lateinamerikas* und am Goldraub fleissig mitgewirkt. *Friedhelm von Othegraven* schreibt in seinem Buch ‚Litanei des weißen Mannes': „Die Kirche war noch versessener als die weltlichen Herrscher, auf die Ausbeutung des neuen Landes. Alle Tempel wurden abgerissen und durch Kirchen ersetzt. Zwangsarbeit, Tränen, Schweiß und Blut der Indios kleben daran. Es wurden Indios zum Bau von Gotteshäusern eingefangen und versteigert."

Die Decke der *Kathedrale* in *Santa Maria Machore*, ist

mit Gold aus dem ersten *Goldraub* in *Südamerika* hergestellt. *Gold* und *Silber* flossen in die Schatzkammer der *Kirche* in *Rom* und wurden zu Kleinodien christlich-abendländischer Schmiedekunst transformiert. Es dauerte einen Monat, das Gold aus *Peru* zu schmelzen, obwohl Goldschmiede Tag und Nacht daran arbeiten mussten. Die erste Lieferung hatte einen Wert von über 1.3 Mio. Goldpesos, das entspricht heute 450 Mio. Euro.

1495 schrieb *Papst Alexander VI.* in einer Bulle, dass man barbarische Völker unterwirft und dem wahren Glauben zuführt. Die *Indianer* denen solche *Gnade* und *Gunst* widerfährt, sollten ihrerseits ihre Unterwürfigkeit und ihren guten Willen beweisen indem sie eine *große* Menge *Gold*, *Edelsteine*, *Silber* und andere *Wertgegenstände*, die sie besitzen, seiner Hoheit dem König und dem Gouverneur freiwillig ausliefern. *Andernfalls* könnten Gott unser Herr und seine Hoheiten *sehr ungnädig* werden. Der Papst überwachte die Ausstellung von *Jagdscheinen*, die *Europäer* für *Raub* und *Plünderung* erhielten.

Von der gesamten indianischen Bevölkerung fielen 90 % dem Völkermord und den Krankheiten zum Opfer, welche die *Europäer* eingeschleppt hatten. Der *katholische* Priester *Enrice Roster* beschreibt in seinem Buch: ‚Missionare und Musketen': „Wen überfällt nicht ein Schaudern, wenn er den mit 20 Tonnen Blattgold vergoldete Altar der *Kathe-*

drale in *Sevillia* bestaunt und dabei an das in den Minen vergossene Blut der *Indios* denkt."

Prostitution

Dem Buch: „Das geheime Sexleben der Päpste", ist zu entnehmen, dass *Bonifatius IX.* ein *Mörder* und *Betrüger* war. *Papst Sixus IV.* baute *Bordelle* für beide Geschlechter um an Geld für den Krieg gegen die *Türken* zu kommen. Später gab es so viele Prostituierte, dass sie mit einer *Steuer* belegt wurden, von *Clemens VI.* Durch Prostitution hatte man jährliche Einnahmen von 26.00 Golddukaten.

In *Deutschland* hatte sich eine neue Form der *Tempelprostitution* entwickelt, z. B. im *Straßburger Münster* geduldet. Der Bischof selbst, leitete ein Bordell. *Papst Julius II.* verfügte am 2. Juli 1510 in einer Bulle, die Einrichtung eines Bordells, indem junge Frauen ihrem Gewerbe nachgehen durften. Die Nachfolger *Leo X.* & *Clemens VII.* duldeten dies, allerdings unter der Bedingung, dass ¼ der gesamten Habe, der dort arbeitenden Frauen, nach ihrem Tod in den Besitz der Nonnen übergeht.

Sklaverei

Sklaverei gab es in der *katholischen* Kirche, bis ins 11. Jahrhundert. Die Kirche *unterstützte von Anfang* an die *Sklaverei*, war am *Menschenhandel* beteiligt und *profitiert* heute noch davon. *Papst Nikolaus V.* legitimierte dies in seiner Bulle „Aus göttlicher Liebe zur Gemeinschaft" vom 18. Juni 1452. Er legitimierte den *portugiesischen* König, die Länder der Ungläubigen zu erobern, ihre Bewohner zu *vertreiben* zu *unterjochen* und in die *ewige Knechtschaft* zu zwingen. Das erste *Sklavenschiff* hieß übrigens zynischer Weise ‚Jesus'.

Besonders viel Geld, wurde mit *Sklavenhandel* in *Amerika* verdient. Man schätzt, dass auf einen gefangenen Sklaven, der die US-Küste lebend erreichte, zehn trafen die schon beim Landtransport ungekommen waren. Worauf von weiteren zehn, neun auf dem Seeweg verrstarben. Die Opfer des *schwarzen Holocaust* werden auf über 50-100 Mio. geschätzt.

Neger wurden als *Sklaven* nach *Amerika* gebracht und auf dem Rückweg *Indianer* als *Sklaven* nach *Spanien* verschifft. *Bischof Rodriguez de Foska* war selbst *Auftraggeber* des *Skalvenhandels* mit *Indianern* in *Sevillia*. Im Februar 1495 waren es je 4 Schiffe mit je 500 Indianern im Alter von 12- 35 Jahren.

Leibeigene waren *Sklaven* gleich, durften ihr Land nicht verlassen und waren den Großgrundbesitzern *hilflos* ausgeliefert. Sie wurden mit *Zwangsabgaben* belegt und mit *Wucherzinsen* erpresst und schikaniert. Dadurch waren mache Eltern gezwungen, ihre Kinder in die *Prostitution* oder *Sklaverei* zu verkaufen. Aufstände wurden *blutig* niedergeschlagen. Die *Kirche* stand auf der Seite der *Ausbeuter* und predigte *Demut* und *Gehorsam*.

Papst Gregor I. hielt *hunderte Sklaven* auf seinen *Besitzungen* und stimmte Gesetzen zu, die Sklaven verboten, freie Christen zu heiraten. Manchmal wurden die Kirche den Wert von Kirchengütern nicht nach Geld, sondern nach Sklaven ein.

Uneheliche Kinder von *Klerikern*, wurden lebenslang zu Kirchensklaven gemacht, das galt zeitweise auch für *Findelkinder*. *Martin von Thur* (St. Martin) soll sich 20.000 Sklaven gehalten haben. *Sklaven* gab es auch in *Klöstern*.

Betrügereien

Dem Buch „Der neue Pfaffenspiegel", ist zu entnehmen, dass *Papst Innocent III.*, 52 Sekritariatsstellen schuf und diese für 79.000 Goldgulden verkaufte, heutiger Wert 10 Mio. Euro. Ebenso verkaufte er *Segensbriefe, Heiligsprechungen* und betrieb *Ablasshandel* im Wert von 1.5 Mrd. Gulden. Die durch *Ablasshandel* in 600 Jahren so ergaunerten 1 Mrd. Gulden, entsprechen heute 130 Mrd. Euro.

Die *römische* Kirche war größter Grundbesitzer in *Europa*. So besaß das *Kloster Fulda* z. B. 15.000 Landsitze. Um kirchlichen Grundbesitz zu vermehren, waren sich Mönche nicht zu schade, Urkunden zu fälschen. Wollte ein Bischof seinen Grundbesitz vergrößern, ließ er eine Fälschung erstellen, die dann im Archiv gefunden wurde und bewies, dass dieser oder jener Fürst aus früherer Zeit, den betreffenden Landstrich, bereits dem Kloster vermacht hatte. Was sollten die Bauern, die oft des Lesens und Schreibens unkundig waren, dagegen tun?

Es gab sogar Fälscher, die ihr Handwerk regelrecht gelernt hatten und die Kloster um Kloster durchzogen, um ihr kriminelles Handwerk auszuüben. Dem Buch ‚Die Kirche und unser Geld' ist zu entnehmen, dass der *Mönch Geron* auf dem Sterbebett bekannte, dass er **ganz** *Frankreich* durchzogen habe um für Klöster und Kirchen gefälschte Dokumente zu erstellen.

Papst Leo X. hatte 39 neue Kardinalämter geschaffen und strich dafür 511.000 Dukaten ein, heutiger Wert 66 Mio. €. Der Preis für einen Kardinalshut lag zwischen 10.000 – 30.000 Dukaten, heutiger Wert 1.3 Mio. Euro. Selbst das Amt des Papstes war, laut dem Buch ‚Skandalchronik des Vatikan', von *Nigel Cawthorne* käuflich und ging an den meistbietenden.

Ebenso gab und gibt es *Audienzen*, *Segen* & *Titel* zu kaufen: Die Preisliste des *Vatikan*, aus dem Jahr 1991:

- Eine vom Papst unterzeichnete Segensurkunde 2.500 €
- Privataudienz beim Papst inklusive Video 15.00 €
- Ehrendoktortitel 25.000 €
- Orden für 60.000 €

- Barontitel 150.000 €
- Erhebung in Fürstenstand 1.250.000 €
- Heiligsprechung ab 100.000 € im Durchschnitt jedoch 250.000 €

Die 464 Heiligsprechungen von *Papst Johannes Paul II.*, brachten ca. 116.000.000 Mio. Euro in Vatikankasse – Das ist mehr als in den 400 Jahren zuvor!

Der Ämterverkauf war eine gute Einnahmequelle. Um jedoch die Einnahmen nicht versiegen zu lassen, sorgte *Papst Alexander VI.* dafür, dass die Kardinäle bald vergiftet wurden, die er zuvor ernannt hatte. So konnte er nicht nur ihren Kardinalshut erneut verkaufen, sondern auch ihre Besitztümer einstreichen, die auf die Kirche bzw. den Papst persönlich übergingen. Gekaufte Ämter von verstorbenen Vorgängern, wurden als vakant erklärt um sie erneut verkaufen zu können.

Papst Alexander VI., ließ gegen Gebühr Mörder freilaufen. „Der Herr wolle nicht den Tod des Sünders, sondern dass er zahlt und lebt." Bei damals 14 Morden pro Tag in Rom, ein einträgliches Geschäft. Er erlaubte auch einem Adeligen, mit seiner Schwester *Blutschande* zu begehen, gegen eine Gebühr von 24.000 Goldstücken.

Die *römische* Kirche verdiente auch an *Kreuzzügen*. Wer sich dafür ausrüsten wollte, musste bei den Klöstern Geld leihen. Diese nahmen die Ländereien der Kreuzfahrer als

Pfand, die beim Tode derselben an sie fielen.

Ablasshandel

Laut dem Buch von *Horst Hermann* ‚Kirchenfürsten', entschied *Papst Sixtus IV.* 1467, dass die Wirkung kirchlicher Ablässe auch für die armen Seelen im Fegefeuer gelte. Es wurde Geld für entsprechende Gebetsdienste genommen. *Papst Leo X.* meinte das Arme schwer dieses Segens teilhaftig werden, da sie kein Geld hätten und müßten somit des Trostes entbehren.

Erbschleicherei

Bereits im 4. Jahrhundert war laut dem Historiker *Karl Heinz Deschner*, die Erbschleicherei durch den damaligen *Papst Damasus* so schlimm, dass der Kaiser eingreifen mußte. Dem Buch ‚Kulturgeschichte der Menschheit' kann man entnehmen, dass *Papst Alexander III.* im Jahr 1170 verfügte, dass kein Testament gültig sei, dass nicht in Gegenwart eines Priesters gemacht worden war. Jeder Notar wurde mit Kirchenbann belegt, wenn er diese Vorschrift nicht beachtete. Die Kirche beanspruchte für sich das alleinige Recht ein Testament gerichtlich zu bestätigen.

Testamentarische Erbschaften an die Kirche, galten laut Kirche, als verlässliches Hilfsmittel um die Zeit im Fegefeuer zu verkürzen. So machten die Angst vor der Hölle nicht nur krank, sondern sie brachte der Kirche einen Haufen

Geld ein.

Dem Buch die ‚Kriminalgeschichte des Christentums' von *Karl-Heinz Deschner*, kann man entnehmen, dass der Kirchenvater *Salvian* im 5. Jahrhundert predigte: „Wer sein Vermögen seinen Kindern hinterlässt, statt der Kirche, der handelt gegen den Willen Gottes und gegen seinen eigenen Vorteil". Zusätzlich waren alle Grundbesitzer im Mittelalter verpflichtet, 10 % ihres Ertrages oder Einkommens, an die Kirche abzuführen

Mord

Laut einigen Priestern, die mit einem Buch an die Öffentlichkeit gingen, geschehen bis heute noch mysteriöse Todesfälle im *Vatikan*. Der Historiker *Thomas Thomasi* ist der Meinung, dass es nicht möglich wäre, all die Morde, die Vergewaltigungen und die Fälle von Blutschande aufzuzählen, die jeden Tag am Hof des Papstes begangen wurden. Das Leben eines Menschen ist nicht lang genug, um sich die Namen aller Ermordeten, Vergifteten oder bei lebendigem Leib in den Tiber geworfenen Opfer zu merken.

Nigel Cawthorne schreibt in seinem Buch ‚Die heilige Mafia des Papstes' über mysteriöse Todesfälle die alle im Kontext mit dem *Vatikan* oder einer ihm nahe stehenden Gruppe stehen sollen. Am Morgen des 18. Juni 1982 wurde der Mailänder Bankier *Roberto Calvi*, unter der Brücke der barmherzigen Brüder in *London* erhängt aufgefunden. Er war Mitwisser und Beteiligter eines großen Finanzskandals, der vom *Vatikan* ausgelöst worden war. Seiner Tochter hatte er noch kurz zuvor gesagt, „die Priester werden mein Ende sein." Seine Frau *Clara Calvi*, erwähnte in einem Interview: „Es waren mit Sicherheit die Priester des *Vatikan*, dass hatte uns *Roberto* schon vorhergesagt. Jemanden umzubringen ist für sie keine Sünde, so sagten sie es ihm. Sie würden ja nur eine Seele aus dem Körper befreien."

Im Buch ‚Discepoli di Verita' - „Ihr habt getötet" – Der Machtkampf der Logen im *Vatikan*, wird zum Tod von *Johannes Paul I.*, dem 33 Tagepapst, geschrieben, er wollte mit dubiosen Finanzgeschäften, übertriebenen Prunk und Korruption innerhalb der Amtskirche aufräumen. Die Todesumstände waren mysteriös und die Leiche wurde so schnell einbalsamiert, dass eine Obduktion nicht mehr möglich war.

Kindesmißbrauch

Die Dimension des Kindesmissbrauches, durch katholische Geistliche ist so groß, dass ich dieses Thema, in einem eigenen Kapitel behandele.

Es gibt bereits seit *Jahrzehnten* und zwar *weltweit*, *zahlreiche* Fälle von *Kindesmißbrauch* durch *katholische* Geistliche. Sei es dass Kinder sexuell mißbraucht, geschlagen oder anderweitig mißhandelt worden sind.

Deutschland

Für eine TV-Dokumentation unter dem Titel „Dokumentation Tatort Kirche: Sexueller Missbrauch durch Priester" des SWR, hatte mehr als die Hälfte der 27 *deutschen* Bistümer mindestens 47 Fälle in den vergangenen 30 Jahren eingeräumt.

Im Jahr 2006 erschien das Buch „Schläge im Namen des Herrn"; es dokumentiert die Ausbeutung, Misshandlung und den sexuellen Missbrauch in Kinderheimen, darunter auch kirchlich geführte, in der Zeitspanne von 1945 bis ins Jahr 1970.

In einem Artikel von 2007 erwähnt „Die Zeit" folgende Fälle von Kindesmissbrauch:

- zwei Priester des Bistums *Würzburg*, die sexuelle Übergriffe auf Kinder begangen hatten,
- ein Fall aus *Krefeld*, Bistum *Aachen*,
- ein verurteilter Pfarrer aus *Hessen*,
- ein zurückgetretener Pfarrer aus dem *Allgäu*,
- ein zu zwei Jahren Haft verurteilter Priester aus dem *Emsland*,
- ein *schwäbischer* Pfarrer, wegen Missbrauchs in 59 Fällen zu drei Jahren Haft verurteilt,
- ein Seelsorger aus *Coburg* und Pater aus *Südbaden*, beide zu zwei Jahren verurteilt.

Zum Zeitpunkt des Berichts liefen gegen Priester in der *Bundesrepublik* 13 Verfahren.

Das Magazin „Der Spiegel" berichtete, dass 24 von 27 von befragten Bistümern angaben, dass ihnen seit 1995 insgesamt 94 Verdachtsfälle von Missbrauch durch Kleriker und Laien bekannt geworden seien.

Alle diese Bistümer und Fälle aufzuführen, würde ein eigenes Buch füllen. Deshalb hier nur einige Beispiele von Bistümern mit Mißbrauchsfällen, ohne Anspruch auf Vollständigkeit.

Bistum Aachen

In den 1950er- und 1960er-Jahren sollen in *Jülich* elf Schüler missbraucht worden sein. In den 90er-Jahren hat ein Pfarrer in *Krefeld* mehrere Jungen missbraucht. Laut dem Spiegel sollen bei der Durchsuchung des Pfarrhauses 58.000 Kinderporno-Bilder und 300 Videokassetten gefunden worden sein, die von dem Pfarrer erstellt worden seien. Erste Vorwürfe gegen den Geistlichen soll es schon 1972 gegeben haben. Er gehörte einem lokalen *Pädophilen-Netzwerk* an, zu dem auch ein Erzieher im Kirchendienst sowie ein Kirchenmusiker gehört haben. Im Bistum *Aachen* soll es 24 Priester geben, die sich in innerhalb von 65 Jahren an Jugendlichen vergangen haben.

Bistum Augsburg

Nach einem Bericht des Missbrauchsbeauftragten des Bistums *Augsburg* von 2010, wurden dort 80 Hinweise auf Missbrauch bekannt. Insgesamt ergaben sich dort 34 Missbrauchsfälle für den Zeitraum von 1946 bis 2003.

Erzbistum Berlin

Im Jahr 2010 erläuterte die Anwältin *Ursula Raue*, die seit 2005 Beauftragte des *Jesuitenordens* für sexuellen Missbrauch war, dass ihr 115 bis 120 sexuelle Übergriffe gegen Schüler gemeldet worden seien. Sie äußerte Erstaunen, dass in den Akten des Ordens zwar „Fürsorge für Mitbrüder" erkennbar werde, aber keine „Befassung mit der Seelenlage der anvertrauten Kinder und Jugendlichen".

Insgesamt stellte *Raue* in ihrem Abschlussbericht seit 205 Meldungen über Missbrauchsfälle an Einrichtungen des

Jesuitenordens fest. Zusätzlich weiterer 50 Meldungen von Opfern anderer Einrichtungen.

Erzbistum Freiburg

Im Juli 2010 räumte das Erzbistum *Freiburg* Hinweise von Missbrauchsvorwürfen gegen 44 Priester, Ordensleute und kirchliche Mitarbeiter über einen Zeitraum von 1950 bis 2000 ein.

Erzbistum Paderborn

Nach der Erklärung des Erzbistums *Paderborn* bestanden 2011 Vorwürfe gegen 40 Priester. Es hatten sich 56 Missbrauchsopfer gemeldet. 65 % der Hinweise bezogen sich auf den Zeitraum von 1960 bis 1980.

Bistum Regensburg

Im Mai 2003 wurde der Priester Franz K. vor dem Landgericht in *Weiden* wegen Missbrauchs von zwölf Jungen und Veruntreuung von Kirchengeldern zu drei Jahren Gefängnis verurteilt. Die Anklage sprach von über 40 Fällen.

Im Bistum *Regensburg* wurden seit 1945 zehn Geistliche wegen sexueller Straftaten an 78 Opfern verurteilt. Ein Täter hatte sich an allein 36 Opfern vergangen.

Das Bistum *Rottenburg-Stuttgart* meldete 2011 die Zahl von 43 Tatverdächtigen. Es lagen Anzeigen von 68 Männern und 26 Frauen in 94 Fällen von sexuellem Missbrauch vor. Die Fälle reichen bis 1945 zurück.

Bistum Trier

Im Bistum *Trier* wurden im Jahr 2010, gegen 20 Priester Vorwürfe wegen sexuellen Missbrauchs erhoben. Sechs weitere Fälle waren bereits vorher bekannt Die neuen Fälle wurden bekannt, weil sich 35 Opfer beim *Trierer* Bischof gemeldet hatten.

Insgesamt waren neben 27 Bistümern, auch der *Orden der Jesuiten* betroffen. Noch zwei Beispiele für katholische Orden. Für den *Orden der Redemptoristen* spricht ein Untersuchungsbericht bis 2012 von 28 Opfern, die in Einrichtungen der *Redemptoristen* körperlich misshandelt oder sexuell missbraucht wurden.

Der *Orden der Vincentinerinnen*, die sich „Barmherzige Schwestern" nennen, betreiben eine kinderpsychiatrische Krankeneinrichtung. Der WDR berichtete 2013, dass junge Patienten im St. Johannesstift in *Marsberg* Opfer von Gewalt und sexuellem Missbrauch geworden waren. Die Misshandlungen, die der Schulleiter auflistete, waren u. a. Kinder zur Strafe die ganze Nacht lang im Bett fixieren oder in eiskaltes Wasser tauchen, bis sie fast ertranken seien. Von wegen Barmherzige Schwestern!

Österreich

Bedingt durch die Vorfälle in *Deutschland*, rückte auch in der *Alpenrepublik* 2010 kirchlicher Missbrauch in den Fokus der Medien. Bis März waren fünf Fälle sexuellen Missbrauchs bekannt geworden, laut Erzdiözese *Wien* gab es im Vorjahr 17 weitere Verdachtsfälle.

Im März 2010 machte das Stift *Kremsmünster* Schlagzeilen, mit Fällen seit den 70er bis in die 90er-Jahre. Insgesamt meldeten sich rund 45 Opfer bei der Staatsanwaltschaft. Gegen drei Patres gab es Vorwürfe sexuellen Missbrauchs, weitere acht Patres, Lehrer und Erzieher wurden wegen körperlichen und seelischen Misshandlungen angezeigt.

Schweiz

Im Jahr 2010 wurde in der *Schweiz* bekannt, dass seit 1995 bereits 60 Verdachtsfälle untersucht wurden.

Australien

In *Australien* wurden 71 katholische Priester und Lehrer wegen sexueller Straftaten erfasst und verurteilt.

Frankreich

Hier erklärte bereits 2001, die *französische* Bischofskonferenz, dass 19 *französische* Priester wegen Vergewaltigung oder Missbrauchs Minderjähriger angeklagt worden seien. Weitere 30 Priester waren in den zurückliegenden Jahren schon zu Gefängnisstrafen verurteilt worden.

Irland

Der hier 2005 veröffentlichte Ferns Report, berichtet

über 100 Fälle von Kindesmissbrauch in den Jahren 1962 bis 2002 durch 21 Priester.

Der 2009 veröffentlichte Ryan-Bericht für die Erzdiözese *Dublin* belegt, systematischen Missbrauch in katholischen Schulen und Heimen zwischen 1914 und 2000. Im Zuge der Anhörungen trugen etwa 1.500 Personen Anschuldigungen bei der Kommission vor. Darunter 474 Vorwürfe wegen physischer Misshandlung und 253 wegen sexuellen Missbrauchs, von männlichen Personen und insgesamt 383 Vorwürfe physischer Misshandlung und 128 Vorwürfe wegen sexuellen Missbrauchs von Frauen.

Italien

Im Jahr 2012 veröffentlichte die *italienische* Bischofskonferenz Zahlen zu Missbrauchsfällen. Demnach hat es in der Zeit von 2000 bis 2011 insgesamt 135 Fälle sexuellen Missbrauchs Minderjähriger durch Priester gegeben.

Kanada

In *Kanada* gab es die Beteiligung der *römisch-katholischen* Kirche an den sogenannten *Residential Schools*. In diese Internate wurden die Kinder der *Inuit* und *Indianer* bis in die 1980er Jahre *zwangsweise* eingewiesen.

Die Schulen waren *staatlich*, wurden jedoch von der *römisch-katholischen* Kirche betrieben. Etwa 90.000 Menschen besuchten Internate mit *katholischer* Schirmherrschaft.

Die Leitung der Schulen wurde der Kirche 1969 entzogen. Das letzte Internat wurde 1996 geschlossen.

Die Untersuchungskommissionen zeigten auf, dass seit den 1990er Jahren, die Rechte der Kinder in diesen Internaten in massiver Weise verletzt wurden. Die Sterblichkeitsrate war extrem hoch (fast 70 %), da gesunde Kinder mit Tuberkulosekranken unterrichtet wurden. Außerdem kam es in zehntausenden Fällen zu sexuellen Übergriffen und in einigen Schulen wurden sogar medizinische Versuche durchgeführt.

Nach dem Urteil einer Kommission habe „kein Bereich ihrer Untersuchung mehr Wut und Scham hervorgerufen, als die Geschichte der Residential Schools ... der unglaubliche Schaden – Verluste an Menschenleben, Verunglimpfung der Kultur, Zerstörung von Selbstachtung, Zerstörung von Familien, die Auswirkungen dieser Traumata auf nachfolgende Generationen und die Ungeheuerlichkeit kultureller Überlegenheitsdünkel die hinter dem ganzen Unternehmen steckten – wird jeden zutiefst erschüttern, der es wagt, diese Geschichte in sein Bewusstsein dringen zu lassen".

Ende der 1980'er erschienen erste Schlagzeilen über sexuellen Kindesmissbrauch der *kanadischen katholischen* Kirche. 1989 wurden 23 *kanadische* Priester und Ordensleute öffentlich angeklagt.

Luxemburg

In *Luxemburg* haben sich 2010, bei einer Hotline 138 Betroffene gemeldet und die Staatsanwaltschaft ermittelte in 114 Fällen.

Mexiko

Hier ist der Missbrauch von unzähligen minderjährigen Jungen in den Schulen der *Legionäre Christi* und durch Ordensmitglieder erwiesen. Die Ausmaße dieses Missbrauchsskandals haben eine besondere Dimension, weil nach Einschätzung des Heiligen Stuhls ein „Machtsystem" im Orden etabliert war, das den Missbrauch stützte.

Seit den 1960er Jahren gab es Missbrauchsvorwürfe gegen den Gründer der *Degollado*, die inzwischen von vom *Heiligen Stuhl* bestätigt worden sind. Er hatte mit mehreren Frauen Kinder gezeugt und sie auch missbraucht. Zehn Opfer, hatten den *Vatikan* bereits vor 30 Jahren informiert. *Johannes Paul II.* war seit 1983 über die Missbräuche informiert. 1997 erklärten neun ehemalige Seminaristen, von *Maciel* sexuell missbraucht worden zu sein. Insgesamt soll er mindestens 20 (wahrscheinlich aber eher 100) minderjährige Jungen missbraucht haben.

Neuseeland

Im Jahr 2002 räumte die *katholische* Kirche *Neuseelands* 38 Fälle von sexuellem Missbrauch durch Priester und andere Kirchenvertreter in den vergangenen 50 Jahren ein, nachdem eine eingesetzte Kommission Klagen geprüft hatte.

Niederlande

Eine Kommission stellte hier 2011 ihre Ergebnisse vor. Nach deren Angaben könnten seit 1945 zwischen 10.000 und 20.000 Minderjährige in Einrichtungen der *katholischen* Kirche sexuell missbraucht worden sein. Dabei handelt es sich um eine statistische Hochrechnung, die aus einer repräsentativen Umfrage entwickelt worden war. An die Kommission selbst waren fast 1.800 Anschuldigungen wegen sexuellen Missbrauchs herangetragen worden. Diese Anschuldigungen betrafen etwa 800 Täter.

Ebenso gab bzw. gibt es Vorfälle, Anzeigen, Gerichtsverfahren und/oder Verurteilungen von *katholischen* Geistlichen in *Argentinien, Belgien, Brasilien, Chile, Dänemark, Großbritannien, Kenia, Kolumbien, Kroatien, Nigeria, Norwegen, Peru,* auf den *Philippinen, Polen, Portugal, Schweden, Slowenien, Südafrika* und den *USA*.

Kollaboration mit dem Faschismus

Der *Vatikan* hat in den 20'er, 30'er und 40'er Jahren des 20. Jahrhunderts, mit sämtlichen *faschistischen* Regimen in *Europa* kollaboriert.

Vatikan und 1. Weltkrieg

Zuvor aber war die *römische* Kirche, durch *Papst Pius X*, bereits am Ausbruch des 1. Weltkrieges nicht unbeteiligt. Um die Jahrhundertwende orientierte sich die von Politik *Papst Leo XII.*, vor allem an *Frankreich* und *Russland*. Man glaubte in *Rom*, dass die Zukunft den *slawischen* Völkern gehöre werde und unterstützte sie deshalb. Als Belohnung erhoffte man sich, dass die *russisch-orthodoxe* Kirche unter das *römische* Primat gelangt.

Guiseppe Sato, der zu *Pius X.* wurde, legte größtes Gewicht auf die Beziehungen zu *Österreich*. Denn gemeinsam mit *Österreich*, war man scharf auf die *Ukraine* und wollte gen *Osten* vordringen, den *Balkan* katholisieren und die *russisch-orthodoxe* Kirche unterjochen. Deshalb näherte man sich dann auch, dem unter *Kaiser Wilhem II.* imperialistischen *Deutschen Reich* an. Nachdem *Österreich-Ungarn* bereits *Bosnien* und *Albanien* besetzt hatte, wollte der

Papst, dass auch *Serbien* besetzt wird. *Österreich-Ungarn* müsse die *Serben* eben solange reizen, bis sie einen Grund geben um einzumarschieren. Der Papst billigte ein scharfes Vorgehen gegen *Serbien* und hoffte, dass *Österreich-Ungarn* bis zum äußersten gehen Würde.

Vatikan und Faschismus

Mit den bedeutensten faschstischen Nationen, schloss der *Vatikan* jeweils ein *Konkordat*. Und allein diese Bezeichnung ist schon vielsagend, denn *Konkordat* bedeutet übersetzt: *Herzliche Übereinkunft*. Und bis auf das Nazi-Regime, waren alle anderen Verhältnisse zwischen faschistischer Regierung und *Vatikan* dies auch.

Italien

Der Aufstieg des Faschismus, begann in *Italien*. Dort hatte *Benito Mussolini*, der spätere ‚Duce', ein Buch mit dem Titel „Es gibt keinen Gott" geschrieben. Ebenso hat er religiöse Menschen als krank bezeichnet und sich mit Pfaffenbeleidigungen geschmückt.

Erstaunlicherweise, wurde allerdings seine faschistische Partei, nach dem Muster der *Katholischen Aktion* aufgebaut, welche 1911 von *Pius XI.* gegründet worden war und der große faschistische Rat, war gleichfalls eine Nachahmung des *Heiligen Kollegiums*. Und auch die Nachfolge *Mussolinis* wurde ähnlich geregelt wie die des Papstes. „Es sind die vorher bestimmten die uns fehlen, um den Frieden zu bringen.", *hatte Pius XI.* im Sommer 1923 gesagt und den Faschistenführer gerühmt, indem er sagte: „Für *Italien* hat Gott einen solchen Mann erweckt. Er allein hat erfasst was sein Land benötigt."

Und *Mussolini* revancierte sich großzügig. Er ließ Kruzifixe wieder in Schulen einführen, ebenso den Religionsunterricht. An Stelle von *Kant* wurden von nun an, Texte des *Augustinus* gelesen, die *katholische* Familienpolitik wurde gefördert, beschlagnahmte Klöster und Kirchen zurückgegeben, die staatlichen Subventionen für kirchliche Bauten und die Zuschüsse an den Klerus erhöht. Kein Wunder also, dass *Pius XI.* glaubte, *Mussolini* müsse Gott gesandt haben.

Desweiteren hatte *Mussolini* sechs *katholische* Geistliche in sein Kabinett geholt. Er beglich ebenso die Schulden in Höhe von 1.5 Mrd. Lire, der Banko di Roma, der Hausbank zahlreicher *katholischer* Institutionen und bewahrte so das riesige Netz *katholischer* Raiffeisenbanken, vor dem Bankrott.

Und so verkündete der Papst dann im September 1926, dass *Mussolini* von der Vorsehung gesandt sei. Als Mussolini dann 1943 am Ende war, ganz *Italien* gegen ihn und seine Absetzung vom *König* gefordert wurde, ergriff die *Kurie* Partei für ihn rühmte ihn, das päpstliche Hofblatt ebenso wie die Vatikanzeitung oder der langjährige Kardinalstaatssekretär *Petro Gaspari* und der Papst selbst.

Der Lateranvertrag

Das größte Geschenk von *Mussolini* an die *römische* Kirche aber, war der *Lateran-Vertrag* im Jahre 1929. Dieser war *Staatsvertrag*, *Finanzabkommen* und *Konkordat*. Er bescherte ihr eine Milliarde Lira in Staatspapieren, sowie 750 Millionen Lire in bar und bei 5 % Verzinsung eine Jahresrente von 90 Millionen Lire.

Darüber hinaus, wurde der *Katholizismus* die einzige *Staatsreligion*, *Religiosunterricht* an Schulen obligatorisch, die *Scheidung unmöglich*, die *kirchliche Ehe* der bürgerlichen *gleichgestellt*, *katholische Zensur* an antikirchlichen Filmen oder Büchern eingeführt und *Kritik* am *Katholizismus* unter Strafe gestellt.

Ebenso verpflichtete sich der Staat, seine gesamte Gesetzgebung mit der Kirche abzustimmen. Die Kirche führte eine Verringerung der 279 Bistümer durch, erlaubte der Politik bei der Ernennung von Bischöfen und Pfarrern Bedenken zu äußern, und untersagte allen Geistlichen, eine parteipolitische Betätigung.

Mussolini wollte überall im Land die *Religion* sehen. Man solle Kindern den *Katechismus* lehren, ganz gleich wie jung oder alt sie sind. Schüler in *Italien* sprachen das von der Kirche verfasste Gebet: „Duce ich danke dir, dass du es mir ermöglichst hast gesund und kräftig aufzuwachsen. Oh lieber Gott, behüte den Duce, damit er dem faschistischen *Italien* lang erhalten bleibt."

Mussolini ermöglichte also mit dem ‚Lateran-Vertrag'. die Entstehung des souveränen *Vatikanstaates*, und machte seine Regierung damit zur ersten der Neuzeit, die vom Papst offiziell anerkannt wurde.

Dieses *Konkordat*, zwischen dem Papst und den Faschisten *Italiens*, war auch der Vorläufer des *Konkordats*, das Jahre später zwischen *Papsttum* und der *nationalsozialistischen* Regierung im *Deutschen Reich* geschlossen wurde.

Eine Nachkriegsparallele in beiden Ländern ist die, dass die Verträge mit dem Vatikan noch in Kraft sind. In *Italien* ist der Katholizismus nach wie vor die alleinige Staatsreligion und in *Deutschland*, treibt der Staat immer noch die Kirchensteuer ein, *einmalig* in der Welt!

Deutschland

Der später erste Bundeskanzler der *BRD*, *Konrad Adenauer*, erklärte in seiner Zeit als *Kölner* Oberbürgermeister, dass eine so große Partei wie die NSDAP unbedingt führend in der Regierung vertreten sein müsse. Desweiteren prophezeite er *Mussolini* in einem Glückwunschschreiben, [...] „dass sein Name in goldenen Buchstaben in die Kirchengeschichte eingetragen werde."

Der päpstliche Kammerherr und Vizekanzler *Hitlers*,

Franz von Papen, beseitigte im Sommer 1932 die sozialliberale Regierung und hob das Verbot von SA & SS auf. Prälat *Ludwig Kars*, Professor für Kirchenrecht und Zentrumsführer, der keine wichtige Entscheidung ohne *Pacellis* Zustimmung fällte, verschwand nach *Rom*, kaum dass er die Stimmen seiner Zentrumspartei für *Hitler* hatte. Er hatte zuvor unter vier Augen mit *Hitler* konferiert, ohne Wissen von Parteifreunden. Danach schickte er *Hitler* seine aufrichtigen Segenswünsche, forderte die Auflösung des Zentrums und beschwichtigte protestierende *Katholiken*.

Pius XI. hatte durch Preisgabe der *katholischen* Volkspartei, *Mussolinis* Aufstieg gefördert und versuchte nun einen ähnlichen Umsturz, durch Preisgabe der Zentrumspartei in *Deutschland*. *Pacelli* wollte das in *Italien* mit *Mussolini* geglückte Experiment in *Deutschland* mit *Hitler* wiederholen.

Zitat aus einer Ansprache *Franz von Papens* im November 1933: „ [...] dass ich damals bei der Übernahme der Kanzlerschaft dafür geworben habe, der jungen kämpfenden Freiheitsbewegung, den Weg zur Macht zu ebnen, dass die Vorsehung mich dazu bestimmt hatte, ein wesentliches zur Geburt der Regierung der nationalen Erhebung beizutragen." Er sagte ebenfalls, „ [...] dass das wundervolle Aufbauwerk des Kanzlers und seiner großen Bewegung unter keinen Umständen gefährdet werden dürfe und dass die Strukturelemente des *Nationalsozialismus* der *katholischen* Lebensauffassung nicht wesenfremd seien, sondern sie entspreche ihr in fast allen Beziehungen." Und er schloß mit dem Satz: „Der liebe Gott hat *Deutschland* gesegnet, dass er ihm in Zeiten tiefer Not einen Führer gab."

Am 10. April 1933 erschienen bei *Pius XI. Hitlers* Vizekanzler *von Papen* und *Göring* und wurden mit großen Ehren empfangen. Er zeigte sich, nachdem er früher schon mehrmals *Hitler* für das Verbot der Kommunistischen Partei gelobt hatte, abermals beglückt, an der Spitze der *deutschen* Regierung, eine Persönlichkeit zu sehen, die kompromisslos gegen den Kommunismus kämpfe. Das *Konkordat* mit *Hitler* ist übrigens dessen einziger ausländischer Vertrag, der sein Fiasko überlebte und in *Deutschland* heute noch geltendes Recht ist.

Nachdem Zeugnis des gesamten *deutschen* Episkopads, hat der Papst das Ansehen *Adolf Hitlers* begründet und gehoben. *Hitler* sah das mit Recht als rückhaltlose Anerkennung und unbeschreiblichen Erfolg, verlieh es ihm doch vor aller Welt Legitimität. *Kardinal Faulhaber* predigte in *München*, *Pius XI*. „ […] sei der beste und am Anfang einzige Freund des neuen Reiches gewesen".

Die *Fuldaer* Denkschrift der Kirche von 1935 versicherte *Hitler*: Wir lehnen jedwede staatsfeindliche Haltung oder Handlung unserer Mitglieder strengstens ab. Die *Fuldaer*

Bischofskonferenz von 1935 beteuerte „Die für die Gefangenen bestellten Geistlichen werden dem Sträfling zur Anerkennung der staatlichen Obrigkeit verpflichten und so zur inneren Umstellung und Besserung der Gefangenen mithelfen." *Bischof Berning* von *Osnabrück* der 1936 die KZ's im *Emsland* besichtigte bejubelte er die Tätigkeit Himmlers und wollte alle hier hergeführt sehen, die noch zweifeln an der Aufbauarbeit des *Dritten Reiches*.

„Hitler weiß das Schiff zu steuern", verkündete Monsignore *Ludwig Kass*, Chef der heute verbotenen *Katholischen Partei*. „Schon bevor er Kanzler wurde, traf ich ihn oftmals und war von seinem klaren Denken äußerst beeindruckt, von seiner Art, Realitäten zu begegnen während er seine Ideale bewahre, die edel sind [...] Es ist von geringer Bedeutung wer regiert, solange er die Ordnung aufrechterhalten wird".

Hier war also schon so etwas wie ein Gesinnungswechsel zu erkennen. Denn die Haltung der *katholischen* Kirche veränderte sich mit der Machtübernahme der NSDAP erheblich.

Bis dahin war eine ablehnende Haltung gegenüber dem *Nationalsozialismus* vorherrschend gewesen. Mitglieder der Partei wurden weder zum Sakrament zugelassen, noch von der Kirche beerdigt. Aber auch vor 1933 und der Machtübernahme der NSDAP, hatte *Pius*, wohl vorbeugend, bereits eine Koalition der Zentrumspartei mit der DNVP, die später dann mit der NSDAP koalierte, abgesegnet. Nachdem die *katholischen* Zentrumspartei dem Ermächtigungsgesetz zugestimmt hatte, folgte jedoch kurz darauf ihre Selbstauflösung, und auch die Gleichschaltung, aller *katholischen* Verbände. Darum wollte *Pius XI.* nun staatliche Garantien, für die *katholische* Religionsausübung.

Dafür verpflichtete sich der *Vatikan* wie schon beim *Italienkonkordat*, zu politischer Neutralität. Vorausgegangen waren dem, *Hitlers* kirchenfreundliche Regierungserklärrung, und im Gegenzug die Rücknahme der Dekrete, die die Unvereinbarkeit von *Katholizismus* und *Nationalsozialismus* verkündet hatten. Und *Papst Pius XI.* bekannte sich dazu, wie man am 20. Juli 1933 sehen konnte, als er für den *Vatikan* mit *Hitlers* Regime, das Konkordat unterzeichnete. Die Kirche stimmte in diesem Vertrag zu, dass sie ihre Priester und Religion aus der Politik heraus halten wird, während *Hitler*, im Gegenzug, religiösen Schulen im ganzen Reich, *völlige* Freiheit gewährte und die *Kirchensteuer* einführte.

Der *Vatikan* war sehr dankbar dafür, und wies darauf hin die *deutschen* Bischöfe an, dem nationalsozialistischen Regime, Loyalität zu schwören. Der dafür ersonnene Eid schloss mit den Worten: „In der Ausübung meines geistlichen Amtes und in meiner Besorgtheit um das Wohl und das Interesse des *Deutschen Reiches*, will ich mich darum bemühen, alle abträglichen Handlungen, die dies gefährden könnten, zu vermeiden". In einem Pastoralaufruf ermahnt sie ihre Gläubigen „zur Treue gegenüber der rechtmäßigen Obrigkeit und gewissenhaften Erfüllung staatsbürgerlicher Pflichten". *Papst Pius XII.* ging als ‚Hitlers Papst' in die Geschichte ein.

Eine aktive Einbindung in die Politik war dadurch ausgeschlossen. *Hitler* und seine Nationalsozialisten nutzten das *Konkordat* aus, um die nationalsozialistische Ideologie und Maßnahmen zur Vernichtung der *Juden* uneingeschränkt fortzusetzen – mit der Sicherheit, dass die Kirche nicht eingreift.

Pius XII. empfing nach seiner Wahl, als ersten den *deutschen* Botschafter und gab seine Wahl, als erstem Staatsoberhaupt dem *Führer* bekannt. 1940 erflehte er für den Diktator „Mit den besten Wünschen den Schutz des Himmels und den Segen des allmächtigen Gottes". Am 7. Juni 1934 sagte er: „In unseren katholischen Jugendwerken und Schulen, begeistern wir unsere jungen Männer und Frauen, damit sie zu nützlichen und zuverlässigen Gliedern der Kirche und des Staates heranwachsen. Der Weltkrieg ist Zeuge dafür wie gerade auch die *katholische* Jugend begeistert und in religiöser Opferbereitschaft ihr Leben für das Glück des Vaterlandes eingesetzt hat".

Und so unterstützte die Kirche die Nazis, im Krieg noch intensiver. *Bischof Ehrenfried* von *Würzburg* z. B. drang auf „ [...] Einsatz für Hitler mit der ganzen Persönlichkeit gemäß der Mahnungen der Heiligen Schrift". Der *Bischof* von *Regensburg Buchberger* forderte jedes Opfer, auch das Opfer des Lebens. *Bischof Proll* von *Rottenburg* verlangte siegreich zu kämpfen oder mutig zu sterben. Der Oberhirte von *Meißen* wollte wahre Helden sehen und der Oberhirte von *Hildesheim* bat Gott, dass er *Hitlers* Heeren seine Engel schickt.

Nach der quasi *deutschen* Machtübernahme in *Italien*, nach dem Sturz *Mussolinis*, ‚Fall Achse', und der spektakulären Befreiung *Mussolinis*, im September 1943, befahl *Hitler* die Deportation der *Juden* von *Rom*. Es wird behauptet, dass auch *Pius XII.*, von der *deutschen* Seite informiert wurde.

Im Internet fand ich folgende Ausführung, zur angeblichen Kritik des *Vatikans*, an den *Nazis*: „Mit brennender Sorge", so die Eingangsworte einer Enzyklika von *Papst Pius XI.* Sie wurde von ihm am 21. März veröffentlicht. Das päpstliche Rundschreiben, behandelt die bedrängte Lage der *römisch-katholischen* Kirche, im damaligen *Deutschen Reich* und nimmt zur Politik und Ideologie des Nationalsozialismus, kritisch Stellung. [...]

Das war keineswegs eine Kritik an den *Nazis* oder gar

dem *Führer* und galt schon gar nicht der Sorge um die *Juden*. Denn alle drei, werden namentlich *nicht* erwähnt und es wurden *sehr allgemeine* Formulierungen gewählt. In dem Buch ‚Die katholische Kirche und der Holocaust' vertritt *Daniel Goldhagen* die These, dass die Enzyklika sich in erster Linie gegen Verletzungen des ‚Konkordats' gerichtet habe (S. 64f). [...] „Es wurde keine Abneigung der Kirche, oder *Pius XI.* gegen den Nationalsozialismus angeführt [...]. Tatsächlich wandte sich die Enzyklika klar [...] gegen Verletzungen des ‚Konkordats' [...] Die Enzyklika verurteilte den Nationalsozialismus nicht als solchen."

Spanien

Schon seit der Antike, besaß der Klerus in *Spanien* besondere Macht. *Ketzerverfolgungen*, *Judenprogrome* und *Sklaverei* florierten und dementsprechend reich war die Kirche. Allein die *Jesuiten* kontrollierten im frühen 20. Jahrhundert ein Drittel des gesamten *spanischen* Kapitals. Tausende saßen auf Betreiben der Kirche in Gefängnissen und wurden nach mittelalterlichen Methoden gefoltert, Hunderte erschossen. Ganze Landstriche verfielen dem Hunger.

So schlossen sich die Ausgebeuteten den liberalen und sozialistischen Kräften an und zu Beginn der 30'er war *Spanien* nicht mehr *katholisch*. Sofort nach *Hitlers* Machtergreifung forderten die *spanischen* Bischöfe und der Papst in einer Enzyklika vom 3. Juni 1933, einen *heiligen Kreuzzug* für die vollständige Wiederherstellung der kirchlichen Rechte.

Nachdem *spanischen* Bürgerkrieg, war das Land von 1939 bis 1975 ein *katholischer* Staat unter der Führung des Diktators *Francisco Franco*. Unter seiner 36jährigen Herrschaft, waren Kirche und Staat sehr eng miteinander verbunden. Das Leben war sehr strikt reglementiert, die Kirche unterstütze offen den Diktator und hatte einzigartige Privilegien. Man könnte fast sagen, dass es *Franco* weniger um die Etablierung des Faschismus ging, sondern darum, den *Feudalismus* wieder herzustellen.

General *Franco* war quasi ein *Hitler-Light*. Er nahm nicht am 2. Weltkrieg teil und hatte auch keine monströsen Pläne in Sachen Völkermord. Dennoch war er ein autoritärer Diktator der tausende seiner Bürger in Gefängnissen und KZ's einsperren lies. Auch wurden um die 100.000 hingerichtet. Die Dimension seiner Repressionen war so groß, dass manche von einem Völkermord oder gar *Holocaust* am *spanischen* Volk sprechen.

Und all die geschah mit der Unterstützung der *katholischen* Kirche, welche sich bis heute nie dafür entschuldigt hat, sondern ihre Verantwortung einfach abstreitet. Stattdessen hat sie im Oktober 2012, über 500 Märtyrer des *spanischen* Bürgerkrieges selig gesprochen. Die *katholische*

Kirche machte aus denen, auf deren Seite sie stand buchstäblich *Heilige*. Sie lehnt es ab darüber nur zu sprechen, von Entschuldigung gar nicht zu reden. Das ist nicht das Verhalten einer Organisation, die aus ihren Fehlern gelernt hat und sie nicht wiederholen will.

Unter *Franco* gab es keine Religionsfreiheit. *Katholischer* Unterricht war Pflicht an allen Schulen. Es waren keine anderen Religionen erlaubt und es floss Geld von der Regierung in die Kassen der Kirche. Im Gegenzug hatte der Diktator ein Vetorecht bei der Bestimmung des *spanischen* Klerus und Bischöfen.

Das größte Verbrechen an dem die *katholische* Kirche beteiligt war, ist der *spanische Adoptionsskandal*. Dieser wurde vor einigen Jahren aufgedeckt, als 2.000 Menschen angestrengt hatten, nachdem ihre Babys in *katholisch* geführten Hospitälern verschwunden und wie sich herausstellte, verkauft worden waren. Den Müttern war gesagt worden, dass die Babys gestorben seien. Das geschah zum einem dem Kommerz wegen und zum anderen dazu, Kinder von *schlechten* linken Eltern zu *guten* katholischen Eltern zu geben. Aber das dürfte nur die Spitze des Eisberges sein. Ein Anwalt sagte gegenüber BBC, dass die Zahl bei ca. 300.000 liege für den Zeitraum von 1939 bis 1987.

Diktator *Franco*, ein *Ritter des Ordens der Christen* sagte am 3. Mai 1945 zu *Hitlers* Tod: „*Adolf Hitler*, ein *Sohn* der *katholischen* Kirche, starb während er das *Christentum* verteidigte. Es ist deshalb verständlich, dass keine Worte der Trauer über seinen Tod gefunden werden können, wie soviele gefunden wurden, um sein Leben zu erhöhen. Über seinen Tod hinaus, bleibt er als *siegreiche, moralische* Figur bestehen. Mit dem Palmzweig der *Märtyrer*, gab Gott *Adolf Hitler* die *Lorbeeren des Sieges.*"

Österreich

Kurt von Schuschnigg, Kanzlernachfolger des ermordeten *Dollfuß*, setzte 1934 auf einen austro-faschistischen und *klerikalen Ständestaat*. Dieser lehnte sich ideologisch an die von *Papst Pius XI.* in der Enzyklika Quadragesimo anno an, welche im Jahr 1931 entwickelt worden war

Nachdem man das *Parlament entmachtet* hatte, wurde das *Verfassungsgericht abgeschafft* und auch die *Todesstrafe* wieder *eingeführt*. Dieser Staat war keine Demokratie mehr, sondern ein *klerikaler* Ein-Parteien-Staat. Die Verfassung wurde entsprechend geändert. Aus „Österreich ist eine demokratische Republik. Das Recht geht vom Volk aus.", wurde in der neuen Verfassung: „Im Namen Gottes, des Allmächtigen, von dem alles Recht ausgeht, erhält das *österreichische* Volk für seinen christlichen *deutschen* Bundesstaat auf ständischer Grundlage diese Verfassung." Die Bezeichnung „Republik Österreich" wurde durch „Bundesstaat Österreich" ersetzt.

Bereits am 10. Mai 1933 hatte *Schuschnigg*, damals Justizminister, ein *Konkordat* mit dem *Vatikan* unterzeichnet. Ebenso erschwerte die Regierung den Austritt aus der *katholischen* Kirche. Alle Menschen, die der *katholischen* Kirche den Rücken kehren wollten, mussten eine Prüfung ihres *Geistes- und Gemütszustandes* über sich ergehen lassen.

Und nun machte die *katholische* Kirche, wieder ihren Einfluss in der *österreichischen* Gesellschaft geltend. Ihr wurde vor allem Einfluss auf das zuvor säkulare Bildungssystem eingeräumt. Wer die höhere Schule mit Matura absolvieren wollte, musste den *Religionsunterricht* besucht haben. Und dem *katholischen* Frauenbild entsprechend, wurde Mädchen bzw. jungen Frauen, der Zugang zu höherer Bildung *erschwert*. In den Schulen wurden eigene Klassen für *Katholiken* und *Juden* eingeführt.

Die Bibliotheken des Landes wurden durchforstet und jegliche *sozialistische*, *jüdische* und *erotische* Literatur vernichtet und verboten. Die bereits vorher vorhandene Diskriminierung der *Juden* im öffentlichen Dienst, verschärfte sich weiter und die Regierung unternahm auch nichts gegen antijüdische Ausschreitungen.

Der Stil bzgl. der Judenhetze der *österreichischen* Geistlichen, hat sich von dem der *Nazis* kaum unterschieden. Der *Linzer Bischof Fäulner* hetzte 1933 in einem Hirtenbrief gegen das entartete *Judentum*, bejammerte seinen schädlichen Einfluss auf allen Ebenen des Kulturlebens und machte den Kampf dagegen zur Gewissenspflicht eines jeden überzeugten Christen.

Im Juni des Jahres 1933, unterschrieb *Pius* ein *Konkordat* mit der Republik *Österreich*. Und fünf Jahre später, nach dem so genannten ‚Anschluss' *Österreichs*, versicherten die *katholischen Bischöfe Österreichs*, *Hitler* ihre *bedingungslose* Loyalität. In der Folge, verlief es in *Österreich* nicht anders als in *Nazideutschland* zuvor.

Kroatien

Am meisten wurde vom *Vatikan* das Regime der *Ustasha* in *Kroatien* begünstigt. *Ante Pavelic,* der den *jugoslawischen* König und dabei auch den *französischen* Botschafter ermordet hatte und deshalb sowohl in *Frankreich* wie in *Jugoslawien*, in Abwesenheit zum Tode verurteilt worden war, wurde in *besonders* feierlicher Audienz vom Papst empfangen und auch gesegnet. Er verabschiedete ihn mit den besten Wünschen für seine weitere Arbeit.

Diese Arbeit bestand darin, dass *Pavelic* von Mitte bis Ende April 1941 Gesetze über die *Rassenzugehörigkeit* und zum *Schutz des arischen Blutes* und der *kroatischen Ehre* erließ. Auch verbot er die *kyrillische* Schrift der *Serben*. Am 20. Juni 1941 wurde ein Befehl erlassen, der die *Serben* den *Juden* gleichstellt. Sie durften fortan nur noch in *Ghet-*

tos wohnen, *keine Straßenbahn mehr benutzen* und müssen eine *blaue Schleife* mit dem Wort *Serbe*, gut sichtbar tragen.

Ab sofort sollten für jeden getöteten *Ustasha*, 100 *Serben* erschossen werden. Bereits am 4. Juni wurden die *Juden* verpflichtet, dass sie und ihre Geschäfte einen *gelben Davidsstern* tragen müssen. Am nächsten Tag wurden sie aus dem *Beamtentum* und den *Akademien* ausgeschlossen. Im September begann bereits die *Enteignung* und *Deportation* von *Serben* und *Juden* in *kroatische* KZ's.

Danach startete ein *katholischer* Kreuzzug gegen *serbisch-orthodoxe* Kirchen in *Kroatien*, der den schlimmsten *mittelalterlichen* Massakern nicht nachstand, sondern noch übertraff. 299 Kirchen wurden ausgeraubt, vernichtet zu Warenhäusern oder öffentlichen Toiletten gemacht. Um die 250.000 *Serben* hat man zwangsbekehrt und 750.000 *Serben* ermordet. Man folterte die *Serben*, pfählte oder vierteilte sie. Gelegentlich erschien in Fleisch auch in Metzgerläden. Man kreuzigte sie auch oder begrub sie lebendig. *Pavelic* trug eine Kette, die aus menschlichen Zungen und Augen bestand.

Der ehemalige *jugoslawische Minister* und *katholischer Kroate, Dr. Grizogono*, schrieb am 8. Februar 1942 an den *Erzbischof Stepinac*: „Ich schreibe Ihnen als ein Christ zu dem anderen [...] Zehn Monate ist es her, dass man in *Kro-*

atien auf bestialische Art, die *Serben* ermordet [...] die Röte des Schames und der Wut bedeckt das Gesicht jedes ehrlichen *Kroaten*. Die Grausamkeit [...] hat sowohl die *Italiener*, wie auch die *Deutschen* schockiert. Die *Italiener* berichten von einem KZ in *Lika* bei *Gospic*, indem tausende *Serben* waren und als sie es übernommen haben, war es leer, die Erde mit menschlichem Blut getränkt [...] Man rechnet, dass nur hier etwa 80.000 *Serben* umgebracht worden sind. In der Geschichte *Europas* gab es solche Fälle nicht. Damit ist der *kroatische* Name in alle Ewigkeit mit Schande behaftet. Warum schreibe ich ihnen das? Hier ist der Grund: An diesen beispiellosen Verbrechen hat unsere *katholische* Kirche teilgenommen."

Diese *katholischen* Schlachtfeste waren so grauenhaft, dass es selbst die *italienischen* Faschisten schockierte, und sogar hohe *deutsche* Stellen protestierten, Diplomaten, Generäle, *sogar* der SD der SS und Außenminister *Ribbentrop*. Wiederholt griffen *deutsche* Soldaten gegen die Verbündeten *kroatischen* Soldaten ein. Am 17. Februar 1941 erreichte den *Reichsführer SS*, folgende Meldung: „ [...] Greultaten [...] insbesondere an wehrlosen Greisen, Frauen und Kindern. [...] mit sadistischen Methoden [...] zu Tode gequälten *Prawoslawen* [*Serben*] müssen auf schätzungsweise 300.000 beziffert werden." Bereits am 5. Februar meldete der *deutsche* Oberbefehlshaber in *Serbien*, Gene-

ral Bader „Die *Kroaten* haben ohne Zweifel das Bestreben, die gesamte *serbische* Bevölkerung zu vernichten."

Alle *Serben* in möglichst kurzer Zeit zu töten, nannte ein *Franziskaner* wiederholt unser Programm. *Franziskanermönche* waren auch Henker in KZ's und leiteten sogar *kroatische* KZ's. Das KZ *Jasenovaz* hatte einen *Franziskaner* zum Kommandanten, der dort in 4 Monaten 40.000 Menschen liquidieren ließ. Am 29. August 1942 hat ein Franziskaner dort mit einem Spezialmesser in nur einer Nacht 1.360 Menschen geköpft. Die Tötungsrate im KZ *Jasenovac* lag bei 100-150 Menschen pro Tag. Am 11. Mai 1941 verkündete *Erzbischof Sarajevo Ivan Saric*: „Ich sang mit unseren *Ustasha* mit vollem Herzen unsere Hymne [...] mit tränenden Augen. Immer *Kroaten!* Immer *Katholiken!* Gott und die *Kroaten!'*

Der *katholische* Priester *Marte Morgus* am 13 Juni 1941: „Wie werden alle *Serben* vertreiben und ausrotten und ich werde glücklich sein." Der *katholische* Priester *Marko Zovko*, an Frauen *serbischer* Konvertiten, die dennoch ermordet wurden: „Ihr irrt euch, falls ihr denkt [...] durch den Übertritt zum katholischen Glauben euer Vermögen [...] zu retten. Wir haben nicht einmal die Absicht, euer Leben zu retten. Die Geschichte lehrt, dass es auch früher Völker gab, die verschwunden sind, so wird auch das *serbische* Volk verschwinden." Der *kroatische katholische* Priester *Bo-*

zidar Pralo aus *Sarajevo*, lässt in der Stadtmitte auf der *Alipasa Brücke*, 180 *Serben* ermorden und tanzt danach mit den Schlächtern und schreit: „Tod den *Serben!*". Darauf hin benennt die *Ustasha* eine Straße in *Sarajevo* nach ihm.

In *Goßkroatien* sollten bis 1945 fast 50% der *Serben*, alle *Juden* und viele *Roma* den Tod finden. Die *Wehrmacht* erschoß bis 1945 100.000 *Serben*. Es wurden 180.000 *Serben* in Lager deportiert und alle *Juden* deportiert oder ermordet. *Ante Pavelic* war ein ausgewiesener *Rassist*, *Serbenhasser* und *Antisemit*. Man kann auch sagen, er war ein *Klerofaschist* mit einem ausgezeichnetem Draht zum *Vatikan*.

Der Erzbischof von *Zagreb*, *Alojsije Stepniac*, 1998 von Papst *Johannes Paul II.* selig gesprochen, teilte 1943 dem Papst mit, dass bereits 240.000 *Serben* (zwangs-)konvertiert worden seien. Am 18. Mai 1941 wurde *Pavelic* von Papst *Pius XII.* empfangen und im Anschluss wurden die *Römischen Verträge* unterzeichnet.

Slowakei

Hier hatte *Josef Tisu*, *katholischer* Priester und *Staatsoberhaupt*, einen *Schutzvertrag* mit dem *Deutschen Reich* geschlossen. Seine *klerikalnationalistische* Partei, war stark *antisemitisch* und *antibolschewistisch*. Auch hier kam es zur Plünderung *jüdischer* Geschäfte und Deportationen. Etwa 70.000 *Juden* wurden deportiert oder im Land ermordet. Zu Ende des Krieges, wurde auch hier im Dom in *Pratislava*, eine Fluchtroute eingerichtet, die ‚Klosterroute'.

Jedes innen- wie außenpolitische Verbrechen *Hitlers*, *Francos*, *Pavelics* und *Mussolinis*, wurde vom *Vatikan* mitgetragen und *unterstützt*, so der Raubüberfall auf *Abessinien*, den man als Evangelisationsfeldzug ausgab oder die Zwangsbekehrungen von *Serben*. Spätere Päpste sprachen sogar faschistische Führer *selig* oder gar *heilig*.

Den Überfall und auf *Abessinien*, am 3. Oktober 1935 – übrigens ohne Kriegserklärung – unterstützten laut einer Untersuchung der Harvarduniversität 7 Kardinäle, 29 Erzbischöfe und 61 Bischöfe. Der Kardinalerzbischof von *Genua*, ließ sogar durch seine Geistlichen die Menschen zur Metallspende antreiben. Der Erzbischof von *Mailand*, Kardinal *Schusster*, der die ausrückenden Räuber vor seiner Kathedrale segnete verglich *Mussolini* mit *Augustus*, *Cesar* und *Konstantin*. Die Prälaten riefen zu Spenden auf und opferten sogar ihre goldenen Bischofskreuze, Halsketten, Ringe und Uhren.

Und der Pakt zwischen *Faschisten* und *Vatikan*, hielt bis zum Schluss, als viele *Nazis* und auch *kroatische* Ustashas, nachdem der 2. Weltkrieg verloren war, über die ‚Rattenlinie' des *Vatikans* fliehen konnten. Die höchsten Würdenträger der *römischen* Kirche, verhalfen so einigen der übelsten Verbrechern des Jahrhunderts, zur Flucht nach Südamerika!

Die Rattenlinie

Der *Vatikan* half bei Ende des 2. Weltkrieges gerne Anti-Kommunisten und ebenso *lateinamerikanischen* Ländern, bei der Suche nach *Fachkräften*. Man stattete gute *Katholiken* mit Visa aus und schickte sie rüber. Anlaufstelle war die *deutsche* Nationalstiftung *Santa Maria Delorinia* in *Rom*.

Rektor des Priesterkollegs war der *österreichische* Bischof *Alois Hudal*. Dieser hatte *deutsch-nationale* Ansichten, träumte davon, dass *Deutschland* wieder so etwas wie vor *Versailles,* werden würde. Er half gesuchten SS-Offizieren bei der Flucht. Auf der Weihnachtsfeier 1947, in der *Casa Generalizia del Franziskana* in der *Via Sardegna*, stand er auf und verkündete stolz: „Ich freue mich hier heute 100 gesuchte Kriegsverbrecher begrüßen zu können. Sie mögen gesucht werden wo sie wollen, hier sind sie sicher". Das berichtete später sein Sekretär *Hans Mahler*.

Brunoslav Draganoviv, ein Priester des *Ustasha-Regimes*, war nach dem Krieg Fluchthelfer für Kriegsverbrecher, auch für *Ante Pavelic*. Am 11. Oktober 1948 bestieg *Pavelic* das Schiff nach *Argentinien*. Dies war der Probelauf für die *Rattenlinie*. Wenn man den bekannten *Pavelic* so schmuggeln konnte, dann ging es mit jedem. *Draganovic* verlangte 1.400-1.500 Dollar pro Flüchtling, für Leute die der CIA rausschleusen wollte. Vorgeschobene Bedingung war, dass sie *gute Katholiken* sein mussten.

Diese Ära des *Faschismus* in *Europa*, war die sechste Wiederauferstehung des „Heiligen Römischen Reiches". Und wie die *berühmt-berüchtigten* Vorgänger *Charlemagne*, *Otto der Große* und *Napoleon Bonaparte*, haben auch die *Achsenmächte Europa* in Blut getaucht.

Aber das war noch nicht das Ende vom Lied. Wie im Kontext des Bürgerkrieges in *Jugoslawien* sichtbar wurde, bestehen die Seilschaften immer noch fort. Eine Woche, nachdem *Deutschland*, gegen den Willen der Rest der Welt, *Slowenien* und *Kroatien* diplomatisch anerkannt und damit den Bürgerkrieg praktisch ausgelöst hatte, zog der *Vatikan* nach. Dass *Deutschland* die treibende Kraft hinter den *Balkankriegen* war, können sie meinem Buch: Assyrien – ‚Das Werk der Hände Gottes' entnehmen. Dem *erzkatholischen Kroatien* zu helfen und dabei gleichzeitig die *Serben* schwächen – ist doch Ehrensache für den Papst!

Die seit einiger Zeit geforderten „Vereinigten Staaten von Europa", werden die siebte Auferstehung darstellen. Es wird die *mächtigste*, *zerstörerischste*, aber auch *kürzeste* Mannifestation diese Reiches sein.

Die Bibel offenbart uns die wahre Macht hinter diesen *Heiligen Römischen Reichen*: Satan, der Teufel. **Offenbarung 6:2:** *Und es erschien ein anderes Zeichen im Him-*

mel: siehe, ein großer, feuerroter **Drache**, der hatte **sieben Köpfe** und **zehn Hörner** und auf seinen Köpfen **sieben Kronen** [...]

Die *sieben Köpfe* symbolisieren die *sieben* Mannifestationen des *Reiches*, die *zehn Hörner* die *zehn europäischen Staatschefs* der bevorstehenden Mannifestation und die *sieben Kronen* stellen die jeweiligen *Herrscher* dieser Reich dar.

Heidentum im Christengewand

Die *katholische* Kirche entlarvt sich auch durch ihre *unbiblischen* bzw. *heidnischen* Lehren und Gebräuche von selbst. Da wären:

- Fegefeuer und Höllenqual,
- Säuglingstaufe,
- Dreieinigkeitslehre,
- Ablasshandel,
- Heiligenanbetung & Mariaverehrung,
- Unsterblichkeit der Seele,
- Stellvertretungsanspruch,
- Totenmesse,
- heidnische Festtage und die
- Sonntagsheiligung.

All dieses werden sie mit *keinem* Wort in der Bibel erwähnt finden. Und nicht nur, dass es nicht in der Bibel steht, sondern es steht im *diametralen Widerspruch* zur Lehre der Bibel. Auch hier zeigt sich deshalb wieder, wer dahinter steckt: *Satan – Widersacher* und *Feind* Gottes.

Fegefeuer und Höllenqual

Die Bibel lehrt weder im *Alten* noch *Neuen* Testament,

dass es so etwas wie ein *Fegefeuer* bzw. *Hölle* gibt. Zugegeben, es findet sich dieses Wort in vielen Bibelübersetzungen, aber es handelt sich dabei um *unglückliche* bis *falsche* Übersetzungen. So werden z. B. häufig die Worte *Scheol* oder *Hades* gebraucht. Diese bedeuten aber nicht *Hölle*, sondern *Grab*. Und wenn Sie sich entsprechende Stellen ansehen und statt *Hölle* das Wort *Grab* einsetzen, dann macht das auch Sinn.

Das *einzige* Mal, dass das Wort Hölle auch *wirklich* Hölle meint, ist eine Stelle im *Neuen* Testament. Im griechischen *Urtext* handelt es sich dabei um das Wort *Tartaros*. Aber damit ist *kein* Ort, sondern ein *Zustand* gemeint.

2. Petrus 2:4: *Denn Gott hat selbst die Engel nicht verschont, die gesündigt hatten, sondern sie mit Ketten der Finsternis in die Hölle geworfen, um sie zum Gericht aufzubewahren. [...]*

Satan und seine *Dämonen* befinden sich in einem *geistigen Zustand* der *Finsternis*, aus dem es für sie kein entkommen gibt. Das kann man ebenfalls **Epheser 6:12** entnehmen: *Denn wir haben nicht mit Fleisch und Blut zu kämpfen, sondern mit Fürsten und Gewaltigen, nämlich mit den Herren der Welt, die in der Finsternis dieser Welt herrschen, mit den bösen Geistern unter dem Himmel.*

Auch in **Judas 6** findet sich diese Aussage: *Auch die Engel, die ihren himmlischen Rang nicht bewahrten, son-*

dern ihre Behausung verließen, hat er für das Gericht des großen Tages festgehalten mit ewigen Banden in der Finsternis.

Matthäus 12:43: *Wenn der unreine Geist von einem Menschen ausgefahren ist, so durchstreift er dürre Stätten, sucht Ruhe und findet sie nicht!*

Dass ist deshalb so, weil Dämonen *böse* Geister sind (griechisch: *Daimon*) und es ihr Wille ist Menschen zu *plagen* und zu *quälen*. Und ihr Ende wird darin bestehen, dass sie wie Sterne ans Firnament verbannt werden, wo ihnen nichts anderes übrig bleibt, als ihre eigene Schande in alle Ewigkeit auszuschäumen, wie in **Judas 1:12-13** beschrieben: *Diese sind Schandflecken [...] wilde Wellen des Meeres, die ihre eigene Schande ausschäumen, Irrsterne, denen das Dunkel der Finsternis in Ewigkeit aufbewahrt ist.*

Das meint auch die in **Matthäus 8:29** geschilderte Begebenheit, als Jesus einem Besessenen begegnet: *Und siehe, sie [die Dämonen] schrien und sprachen: Was haben wir mit dir zu tun, Jesus, du Sohn Gottes? Bist du hierher gekommen, um uns vor der Zeit zu quälen?*

Das wird die Strafe für *Satan* und seine *gefallenen Engel* sein, denn sie können als *Geistwesen* nicht *physisch* gequält werden und auch *nicht* sterben, siehe **Lukas 20:36:** *[...] denn sie können nicht mehr sterben; denn sie sind den Engeln gleich und Söhne Gottes. [...]*

Ein weiteres Mißverständnis, dreht sich um den *feurigen Pfuhl* aus *Feuer* und *Schwefel*, der z. B. in **Offenbarung 14:9-11** beschrieben wird: *Und ein dritter Engel folgte ihnen und sprach mit großer Stimme: Wenn jemand das Tier anbetet und sein Bild, und nimmt das Zeichen an seine Stirn oder an seine Hand, der wird von dem Wein des Zornes Gottes trinken, der unvermischt eingeschenkt ist in den Kelch seines Zorns, und er wird gequält werden mit Feuer und Schwefel vor den heiligen Engeln und vor dem Lamm . Und der Rauch von ihrer Qual wird aufsteigen von Ewigkeit zu Ewigkeit; und sie haben keine Ruhe Tag und Nacht, die das Tier anbeten und sein Bild, und wer das Zeichen seines Namens annimmt.*

Es gibt kein *ewig brennendes Höllenfeuer*, noch werden die Gottlosen für *alle Ewigkeiten gequält* werden, sondern sie werden in der *3. Auferstehung verbrannt*.

Diese Stelle *besagt*, dass der Rauch von ihrer Qualen von Ewigkeit zu Ewigkeit aufsteigen wird. Er sagt aber definitiv *nicht*, dass hier für immer gequält wird. Stattdessen wird verbrannt werden und es wird der Rauch der Beweis dafür sein, dass das Werk vollendet ist. Rauch tritt auf, wo etwas verbrannt wird. Dies weist darauf hin, dass die Menschen aufgezehrt wurden, und was übrig bleibt, nur Rauch ist.

Ebenfalls zu klären ist die in der Bibel häufig verwendetete Redewendung: „von Ewigkeit zu Ewigkeit". Dies *kann*, muss aber nicht unbedingt „für alle Ewigkeit" bedeuten. muss. Die Wörter in den Urtexten hierfür sind im hebräischen „olam" und im griechischen „aion", was „Ära" oder „Dauer einer Epoche" oder auch „Zeitspanne" bedeutet. Auf das obige Beispiel angewandt sehe das so aus: „Und der Rauch ihrer Qual stieg auf von Zeitspanne zu Zeitspanne". [...]

Auch **Judas** spricht in **Vers 7** von der Pein des ewigen Feuers, das *Sodom* und *Gomorra* niederbrannte. Die Städte brennen jedoch heute *nicht* mehr, das Feuer brannte für eine Weile und nachdem es diese Städte vollständig ausgelöscht hatte, brannte es von selbst aus, als es nichts mehr zu verzehren gab. Der Rauch des Feuers stieg noch für eine Weile zum Himmel empor, aber auch das ist mittlerweile vorbei.

Das Feuer z. B. in **Markus 9:43-48**, [...] *dass die Gottlosen in die Hölle geworfen werden, in das Feuer, das nie gelöscht wird* [...], als unauslöschlich bezeichnet wird bedeutet, dass *kein Mensch* in der Lage ist es zu löschen, um seinem Schicksal zu entfliehen.

Die Menschen, welche die politischen und religiösen Führer des endzeitlichen *babylonischen* Systems anbeten, werden gequält werden bis sie sterben, „Sie haben keine Ruhe Tag und Nacht", aber so lange sie leben, weil sie Teil jenes *Systems* sind, das unter *Gottes Zorn* fällt, d.h. vor ihrer endgültigen Vernichtung durch das *Gerichts Gottes*.

Das Konzept des *ewigen Höllenfeuers* stammt, wie soviele Lehren und Bräuche der *katholischen* Kirche, aus dem *Heidentum*. Und es war dann 543 n. Chr. auf der *Bischofssynode* in *Konstantinopel*, als die *Bischöfe* der Hölle ihr Siegel aufsetzten, und verordneten, dass jeder exkommuniziert werden solle, der sagen oder denken würde, dass die Folterungen der Gottlosen ein Ende finden würden.

Es stimmt zwar, dass die Bibel von einem *feurigen Platz* spricht, der teilweise mit „Hölle" übersetzt wird. Das griechische Wort dafür ist „gehenna". Es beschreibt jedoch *nicht* eine ewig brennende Hölle, sondern einen Platz hier auf Erden. Das Wort *Gehenna*, bezieht sich auf das *Tal von Hinnom*, das sich außerhalb von *Jerusalems* befindet. Dort wurde Abfall, Tierkadaver und die Leichen von Kriminellen *ins Feuer geworfen*, um verbrannt zu werden.

Deshalb wohl, benutzt die Bibel das Wort *Gehenna* für das *Feuer*, das die Gottlosen erwartet. Dieses Feuer wird als der „feurige Pfuhl", oder der zweite und endgültige Tod beschrieben. Die Gottlosen werden dort hinein geworfen, um verbrannt zu werden, aber sie werden dort *nicht* auf ewig gefoltert.

Aber irgendjemand, hat daraus wohl irgendwann, das *Höllenfeuer* und später die *Hölle* gemacht. Dem ist aber nicht so, auch wenn in der Bibel der *Zorn Gottes*, wie *Feuer* brennt. Das bedeutet aber noch lange *nicht*, dass das Feuer immer lodern wird. Es brennt solange, wie es Anlass bzw. Brennstoff dafür gibt.

Säuglingstaufe

Im *Neuen* Testament, liest man *ausschließlich* von der Taufe Erwachsener, *nicht* von *Kinds-* oder gar *Säuglingstaufe*. Und **Apostelgeschichte 8:36-37** macht deutlich, dass zur Taufe die bewusste Entscheidung nötig ist: *Als sie aber auf dem Weg weiter zogen, kamen sie zu einem Wasser, und der Kämmerer sprach: Siehe, hier ist Wasser! Was hindert mich, getauft zu werden? Da sprach Philippus: Wenn du von ganzem Herzen glaubst, so ist es erlaubt! Er antwortete und sprach: Ich glaube, dass Jesus Christus der Sohn Gottes ist! Und er ließ den Wagen anhalten, und sie stiegen beide in das Wasser hinab, Philippus und der Kämmerer, und er taufte ihn.*

Taufen bedeutet im Griechischen übrigens *eintauchen* oder *untertauchen*, aber *definitiv nicht* benetzen, wie das bei der *katholischen* Säuglingstaufe geschieht.

Desweiteren findet sich ein Hinweis in **Johannes 3:23:** *Auch Johannes tauchte in Änon, nicht weit von Salim, denn dort gab es reichlich Wasser*. Und **Matthäus 3:16** macht es völlig klar: *Sobald Jesus getauft war, stieg er aus dem Wasser.* [...]

Dreieinigkeitslehre

In der Bibel gibt es *keine* Lehre der *Dreieinigkeit*. Denn der *heilige Geist* ist *keine* Person, sondern nur der *Vater* im Himmel und sein *Sohn Jesus Christus*, sind Personen bzw. belebte Wesen. Der *heilige Geist* ist das *Wirken* Gottes. Wenn Sie z. B. sagen würden: „Ich und mein rechter Arm sind wirklich ein tolles Team!", dann wird Ihr Arm ja dadurch nicht zu einer Person, weil Sie ihn erwähnen, oder!?

Davon abgesehen, steht in **1. Timotheus 2:5**: *Denn Gott ist einer, und einer Mittler zwischen Gott und Menschen, der Mensch Christus Jesus.* Kein Wort spricht hier vom heiligen Geist.

Ablasshandel bzw. Vergebung

Einen wie auch immer gearteten *Ablasshandel*, werden Sie in der Bibel *nicht* finden. Dies ist eine *katholische* Erfindung um die unwissenden Menschen auszunehmen.

Zudem gibt die *katholische* Kirche ja auch vor, dass sie Sünden vergeben könne. Das sieht die Bibel und damit Gott, aber ganz anders: **1. Johannes 1:7**: […] *und das Blut Jesu Christi, seines Sohnes, reinigt uns von aller Sünde.*

1. Johannes 1:9: *Wenn wir unsere Sünden bekennen, so ist er [Gott] treu und gerecht, daß er uns die Sünden vergibt und uns reinigt von aller Ungerechtigkeit.*

Und in **Johannes 14:6** spricht Jesus: *Ich bin der Weg,*

die Wahrheit und das Leben. Niemand kommt zum Vater, denn durch mich.

Apostelgeschichte 4:12: *Und es ist in keinem anderen das Heil; denn es ist kein anderer Name unter dem Himmel den Menschen gegeben, in dem wir gerettet werden sollen.*

Somit ist die Anmassung der *römischen* Kirche, in Verbindung mit dem 3. Gebot, schlicht und einfach *Blasphemie*!

Heiligenanbetung

Auch die Praxis der *Verehrung von Heiligen*, welche sich die Päpste erdreisten zu bestimmen, oder die Anbetung von *Maria Magdalena*, entspricht *nicht* der Bibel, denn **2. Mose 34:14** sagt: *Du sollst keinen anderen Gott anbeten. Denn der HERR, dessen Name »Der Eifersüchtige« ist, ist ein eifersüchtiger Gott.*

Nicht einmal *Engel* dürfen angebetet werden laut **Offenbarung 19:10:** *Johannes fiel vor einem Engel auf die Knie und er [der Engel] sprach zu mir: Sieh dich vor, tue es nicht! Ich bin dein Mitknecht und der deiner Brüder, die das Zeugnis Jesu haben. Bete Gott an! Denn das Zeugnis Jesu ist der Geist der Weissagung.*

Offenbarung 14: 7: *Der [ein Engel] sprach mit lauter Stimme: Fürchtet Gott und gebt ihm die Ehre, denn die Stunde seines Gerichts ist gekommen; und betet den an,* *der den Himmel und die Erde und das Meer und die Wasserquellen gemacht hat!*

Und auch **1. Timotheus 2:5** sagt es: *Denn Gott ist einer, und einer Mittler zwischen Gott und Menschen, der Mensch Christus Jesus.*

Unsterblichkeit und Totenmesse

In der Bibel findet man *keine* Stellen, die von der *unsterblichen Seele* sprechen – das *Gegenteil* ist der Fall! Auch diese Idee ist wieder *heidnischen* Ursprungs. Sie wurde erst 1515 n. Chr. auf dem 5. Laterankonzil zum Dogma erhoben.

Das Wort *Unsterblichkeit* findet sich dagegen in **1. Timotheus 6:16** und dort steht, *dass Gott allein Unsterblichkeit besitzt!* Folglich hat der Mensch *keine* unsterbliche Seele. Und in **1. Korinther 15:51-55** ist zu lesen, dass der gläubige Mensch die Unsterblichkeit erst bei der *Wiederkunft Jesu* und der *Auferstehung der Toten* erhält.

Unsterblichkeit ist also *kein* Bestandteil der menschlichen Natur. Das sagt uns auch **1. Mose 2:7:** *Da bildete Gott, der Herr, den Menschen, aus Staub vom Erdboden und hauchte in seine Nase Atem des Lebens; so wurde der Mensch eine lebende Seele.*

Die Lehre von einer *unsterblichen Seele* oder die *Reinkarnationslehre*, ist eine Lüge *Satans*, wie folgende Verse belegen. **1. Mose 3:4:** *Da sprach die Schlange zum Wei-*

be: Ihr werdet keineswegs des Todes sterben.

Gott aber sagt in **Prediger 12:7:** *Denn der Staub muß wieder zur Erde kommen, wie er gewesen ist, und der Geist wieder zu Gott, der ihn gegeben hat.*

Und auch **1. Mose 3:19** sagt dasselbe: *Im Schweiße deines Angesichts wirst du dein Brot essen, bis du zurückkehrst zur Erde, denn von ihr bist du genommen. Denn Staub bist du, und zum Staube wirst du zurückkehren!*

Ebenso geht auch *keine* Seele nach dem Tod in den *Himmel* ein wie es geschrieben steht in **Prediger 9:5:** *Denn die Lebenden sind sich bewußt, daß sie sterben werden; was aber die Toten betrifft, sie sind sich nicht des geringsten bewußt, auch haben sie keinen Lohn mehr, denn die Erinnerung an sie ist vergessen.*

Heidnische Festtage

Die von *Gott* verfügten *Festtage*, stehen *eindeutig* in der Bibel geschrieben. Und zwar in **3. Mose 23:1-44.** Es handelt sich um diese, ebenso als *Sabbat* bezeichnete, Feste:

1. Passahfest
2. Fest der ungesäuerten Brote
3. Pfingstfest
4. Posaunenfest
5. Versöhnungstag
6. Laubhüttenfest
7. Der letzte große Tag

Alle anderen Feste, die wir in heutigen Zeit begehen, sind *heidnischen* Ursprungs und *Götzendienst*. Das gilt für *Neujahr, Heilige drei Könige, Karneval, Ostern, Halloween, Nikolaus, Weihnachten* und *Silvester*.

Die Bibel billigt das Halten dieser Feste keineswegs, wie **Jeremia 10:2** das eindeutig belegt: *So spricht der HERR: Lernt nicht den Weg der Heiden und erschreckt nicht vor den Zeichen des Himmels, auch wenn die Heiden sich vor ihnen fürchten!*

Ist es In Ordnung, zu dem von Gott bestimmten etwas zu zutun oder weg zu nehmen? Nein, wie wir **Deuteronomium 4:34:1-2** entmehmen können: *Und nun, Volk Israel, höre die Gebote und Rechtsbestimmungen, die ich euch allen verkünde! [...] Fügt nichts hinzu und nehmt nichts davon weg. Befolgt die Gebote des Herrn, eures Gottes, genau so, wie ich sie euch sage.*

Heilige drei Könige

Auch die *Heiligen drei Könige*, wie sie bei uns dargestellt und gefeiert werden, also *Kaspar*, *Melchor* und *Balthasar*, finden sie in der Bibel *nicht*. In Wirklichkeit dürfte es sich wohl um *persische Magier* gehandelt haben. Da die Bibel jegliche Form von Magie verbietet und sie *dämonischen* Wirken zuschreibt, ist davon auszugehen, dass die Männer auch nichts Gutes im Schilde führten.

Fasching/Karneval

Vorläufer des *Karnevals* wurden bereits vor 5000 Jahren in *Mesopotamien* gefeiert, im Land mit den ersten urbanen Kulturen. Eine *altbabylonische* Inschrift aus dem 3. Jahrtausend v. Chr. gibt Kunde davon, dass unter Priesterkönig *Gudea* ein siebentägiges Fest gefeiert wurde und zwar nach Neujahr als symbolische Hochzeit eines Gottes. Da haben wir es wieder – *Babylon*!

Auch im *Mittelalter* feierte man *Narrenfeste* vom 12. bis Ende des 16. Jahrhunderts um den *Epiphaniastag* herum. Dabei übernahmen die unteren Kleriker für die Dauer des Festes, Rang und Privilegien der hohen Geistlichkeit. Kirchliche Rituale wurden parodiert und sogar ein Pseudopapst wurde gekürt. In Gestalt von *Prozessionen* wurden auch die Bewohner der Städte am Fest beteiligt.

Die *mittelalterliche Fastnacht* wird auf die *augustinischen* Lehren in seinem Werk ‚De civitate Dei' zurückgeführt. Die Fastnacht steht daher für die ‚civitas diaboli', den Staat des Teufels. Daher wurde die oftmals ausartende Fastnacht von der Kirche geduldet, um zu zeigen, dass die ‚civitas diaboli' wie auch der Mensch vergänglich ist und am Ende Gott siegreich bleibt. Mit dem *Aschermittwoch* musste daher die Fastnacht enden, um die Umkehr zu Gott zu verdeutlichen. Während die Kirche bei gotteslästernden Szenen *während* der Fastnacht untätig blieb, wurde ein

Weiterfeiern der Fastnacht in den *Aschermittwoch* hinein *streng verfolgt*.

Bis heute ist der *Karneval* Sinnbild *katholischer* Mentalität. Am „Elften im Elften", um 11:11 Uhr erfolgt die offizielle Eröffnung der Karnevalssession. Das kommt nicht von ungefähr, ebenso wie der *Elferrat* der *Narren*. Denn die Zahl *Elf* gilt als Zahl der Überschreitung der *zehn Gebote* der Bibel. Daher auch der Begriff *Narren*, denn es gilt in der Bibel als *narrhaft*, die Gebote zu brechen, da dies den *Tod zur Folge* haben wird.

Ostern

Abgesehen davon, dass auch dieses Fest *heidnischen* Ursprunges ist, passt es allein schon deshalb nicht mit der Bibel zusammen, weil laut dieser, Jesus an einem *Mittwoch* gekreuzigt wurde, statt am *K-Freitag* und am *Sabbat* anstatt am *Sonntag*, auferstanden ist.

Viele *heidnische* Religionen verehren die *Sonne* als Lebensspenderin wie einen Gott und feiern deshalb *Frühlingsfeste*. Deren Termin ist am das *Äquinoktium* am 21. März.

Einige heutige Osterbräuche wurden in der NS-Zeit auf *germanische* und *keltische* Sonnenkulte zurückgeführt, etwa die *Osterfeuer* und das *Osterrad*. Heiden feiern Ostern als Ostara-Fest nach einer altgermanischen Göttin *Ostara*, deren Symbole *Osterei* und *Osterhase* sind.

Halloween/Allerheilgen

Was dieses Fest betrifft, so zeigen doch schon das Aussehen der *Kürbisse* und die *Verkleidungen* wie z. B. *dämonische* Masken, von wem es inspiriert wurde und wem damit gehuldigt wird.

An *Allerheiligen* wird der *Gemeinschaft der Heiligen* gedacht. Am 2. November sollte durch Gebete und Fürbitten sowie durch Almosen das Leiden der Toten im *Fegefeuer* gelindert werden. Der Bezug von *Halloween* zum *Totenreich* ergibt sich aus dem Fest Allerheiligen und dem darauf folgenden Gedächtnis *Allerseelen*, an dem die *Katholiken* ihrer Verstorbenen gedenken.

Die Entstehungsgeschichte von *Allerheiligen*, geht auf die Weihung des *römischen* Pantheons, einem ehemals „allen [römischen] Göttern" gewidmeten *heidnischen* Tempel, durch die *römische* Kirche zurück. Das *Allerheiligenfest*, wurde ursprünglich am 13. Mai gefeiert, das Datum wurde aber von *Papst Gregor IV.* auf den 1. November verlegt.

Nikolaus/Weihnachten

Sagt uns die Bibel etwas über Weihnachten? Ja, allerdings nicht, dass dieses fest christlich und deshalb zu halten sei. **Jeremia 10:2-5:** *So spricht der HERR: Lernt nicht den Weg der Heiden und erschreckt nicht vor den Zeichen des Himmels, auch wenn die Heiden sich vor ihnen fürchten! Denn die Bräuche der Heiden sind nichtig. Denn ein*

Holz ist's, das man im Wald gehauen hat und das der Künstler mit dem Schnitzmesser anfertigt. Er verziert es mit Silber und Gold und befestigt es mit Hämmern und Nägeln, damit es nicht wackelt; sie sind doch gedrechselten Palmbäumen gleich, sie können nicht reden; man muss sie tragen, denn sie können nicht gehen. Fürchtet euch nicht vor ihnen, denn sie können nichts Böses tun, und auch Gutes zu tun steht nicht in ihrer Macht!

Es ist sehr unwahrscheinlich, dass *Jesus* am *25. Dezember* geboren wurde, da zu dieser Zeit, in *Israel* und *Palästina* die *Regenzeit* ist und es auch *bitterkalt* werden kann. Deshalb wären die Hirten und die Schäfchen auf der Weide wohl ertrunken oder erfroren, falls der Stern von *Bethlehem* zu dieser Zeit erschienen wäre.

Das Wort *Weihnachten* beruht auf einem alten *Dativ Plural*. *Mittelhochdeutsch* zu *wihen nahten*, d. h. in den *heiligen Nächten*. Damit waren die in *germanischen* Zeiten gefeierten *Mitterwinternächte* gemeint. Die meisten *heidnischen* Religionen feierten dieses Fest zur *Wintersonnenwende*, übrigens auch die *Nazis*.

Das ganze Fest drehte sich um den *Baum*, er war somit ein *Götze*. Die Geschenke wurden bzw. werden noch heute, unter Baum gelagert, als ob diese *vom Baum selbst* kämen. In früheren Zeiten, wurden abgehackte *Menschenköpfe* an den Baum gehängt. In der Moderne wurden diese dann durch *Kugeln* ersetzt.

Entlang der Feier zur Ehren der *Sonnengötter*, betete man auch den Gott *Odin* an. Er war ein *großer, alter* Mann mit *langem weißen Bart*, der einen *Hirtenstab* trug. Wer immer diesen *Schlangenhirtenstab* hält, ist dadurch mit der Kraft der *Schlange* verbunden. Er reiste auf einem *weißen Pferd* um die Welt. Er würde die Menschen an seinem Geburtstag, dem *25. Dezember* besuchen. Falls der Mensch *gut* war würde er *Geschenke* überbringen und wenn der Mensch *schlecht* war, würden seine *Totschläger* ihn besuchen. Aus dieser Vorlage, entstammt der spätere *Weihnachtsmann* bzw. *Nikolaus* mit seinen *Dämonen*, *Krampuse* genannt. Dieses Fest wird noch heute so in *Österreich* und *Ungarn*, sowie z. T. auch in *Deutschland* und *Italien* gehalten.

Ebenfalls geht *Weihnachten* auf *Nimrod* und das *Yule-Fest* zurück. *Nimrod* ist gestorben und wurde vor seiner Reinkarnation von seiner Ehre geschält. *Nimrod*, der *babylonische* Herrscher, ist dann angeblich nach dem Tod *reinkarniert* und wurde in die *Sonne* verwandelt. Auf *chaldäisch* bedeutet *Yule Kleinkind* oder *Säugling*. Im antiken *Babylon* wurde die *Sonne* oder *Baal* als der einzige *Gott* angesehen. Auch hier glaubte man, dass er am *25. Dezember* verstorben ist. Jetzt zum Baumstamm des Kindes. Dieser Baumstamm wurde am *Abend des 24. Dezember* (Heiligabend) entehrt und ins Feuer geworfen und *reinkarnierte* dann *am 25. Dezember.*

Da dieses *Julfest* immer populärer wurde und sich rasch ausbreitete, versuchte bereits *Papst Hyppolit* im Jahr 127, das Fest der Geburt *Christi* auf diesen Tag zu verlegen. Die *Catholic Encyclopedia*, im Jahr 1911 von der *katholischen* Kirche selbst herausgegeben, schreibt zu *Weihnachten*: „Weihnachten zählte nicht zu den Festen der frühen Gemeinde [..] erste Nachweise dafür kommen aus *Ägypten*. [...] Heidnische Bräuche, die sich zeitlich um den Januar bewegten, wurden zu Weihnachten gemacht."

Silvester/Neujahr

Dieses *Feuer-Fest* am Jahresende hat *germanische* Wurzeln. Das Feuerwerk sollte in *animistischen* Glauben früher „böse Geister" vertreiben und drückt heute auch Vorfreude auf das neue Jahr aus. Ethymologisch bedeutet *Silvester* ‚Waldmensch', und stammt von *lateinisch silva* ‚Wald' ab.

Die *Gregorianische* Kalenderreform, verlegte den letzten Tag des Jahres vom 24. Dezember auf den 31. Dezember, dem *Todestag* von *Papst Silvester I.* Nach dem *katholischen* Heiligenkalender ist der am 31. Dezember 335 verstorbene *Papst Silvester I.* der Tagesheilige. Auf *Silvester* folgt der *Neujahrstag*. Das *Jahresendfest* hatten auch die *Römer* gefeiert, erstmals im Jahre 153 v. Chr., als der Jahresbeginn vom 1. März auf den 1. Januar verlegt wurde. In der *katholischen* Liturgie sind Messfeiern am Abend des Silvestertages Vorabendmessen zum *Oktavtag von Weihnachten*, dem *Hochfest* der *Gottesmutter Maria* am 1. Januar.

Stellvertretungsanspruch

Hier einige Zitate von Kirchenvätern, in denen diese sich ganz offen bekennen. Papst *Leo XIII.* in einem Rundschreiben 1894: „Wir haben auf dieser Erde den Platz des allmächtigen Gottes inne."

Feraris in Prompta Bibliotheca, Art. „Papa": „Der Papst ist von so großer Würde und Erhabenheit, dass er nicht einfach ein Mensch, sondern wie Gott ist."

Papst *Pius IX.* in der Enzyklika vom 15.8.1854: „Die abgeschmackten und irrigen Lehren oder Faseleien zur Verteidigung der Gewissensfreiheit sind ein höchst verderblicher Irrtum – eine Pest, die vor allem anderen in einem Staat am meisten zu fürchten ist."

Bischof O'Connor in der ‚Der große Kampf' auf S. 565: „Die Religionsfreiheit wird nur *geduldet*, bis das Gegenteil durchgesetzt werden kann, ohne die *katholische* Welt zu gefährden."

Die Bibel jedoch sagt nichts über eine Stellvertretung Gottes auf Erden. Und sich selbst als Gott zu bezeichnen ist Blasphemie! Der Papst wird auch „Heiliger Vater genannt", siehe dazu die Webseite des *Vatikans*. *Jesus* sagt dies eindeutig in **Matthäus 23,9:** *„Auch sollt ihr niemand auf Er-*

den euren Vater nennen; denn nur einer ist euer Vater, der im Himmel." In **Johannes 14:6** spricht *Jesus: „Ich bin der Weg, die Wahrheit und das Leben. Niemand kommt zum Vater, denn durch mich."*

Und auch in der **Apostelgeschichte 4:12,** wird dies bestätigt: *„Und es ist in keinem anderen das Heil; denn es ist kein anderer Name unter dem Himmel den Menschen gegeben, in dem wir gerettet werden sollen."*

Sonntagsheiligung

Wir halten schon seit langem den Sonntag als Ruhetag. Aber war das schon immer so? Ist das der Tag, der laut Bibel heilig gehalten werden soll? Nein, ist die Antwort auf beide Fragen. Die Bibel sagt, dass der *Sabbat* heilig zu halten ist. **2. Mose 20:8-11** erläutert: *Gedenke an den Sabbattag und heilige ihn! Sechs Tage sollst du arbeiten und alle deine Werke tun; aber am siebten Tag ist der* **Sabbat** *des HERRN, deines Gottes; da sollst du kein Werk tun; weder du, noch dein Sohn, deine Tochter, noch dein Knecht, noch deine Magd, noch dein Vieh, noch dein Fremdling, der innerhalb deiner Tore lebt.*

Das Wort *Sabbat* meint den *Samstag*, der ursprünglich der siebte Tag der Woche war, bevor dies geändert wurde. Das sieht man auch in vielen anderen Sprachen, so heisst z. B. *Sabbat* auf *spanisch* Sabado, *griechisch* Savato, *rumänisch* Sambata, *italienisch* Sabato und *polnisch* Soboto.

Wenn sie also den *Sonntag* wieder vor den *Montag* setzen, wo er originär hingehört, dann ist der *Mittwoch* auch wieder der *Mittwoch*.

SO MO DI MI DO FR SA

Die Beschäftigung mit der Frage wer den Kalender geändert hat, führt uns auf die Spur, einer alten Bekannten - es war die *römisch-katholische* Kirche, die beide Tage vertauscht hat und den Tag der Anbetung auf den Sonntag verlegt hat. Ich zitiere aus ‚The Catholic Record' September 1923: „Der Sonntag ist unser Autoritätszeichen. Die Kirche steht über der Bibel, und die Verlegung der Sabbatfeier ist der Beweis für diese Tatsache." Dazu kann ich nur sagen: „Keine weiteren Fragen, Euer Ehren!"

Die Götze *Mithra*, war im antiken *Rom*, als „der Herr des Lichtes" bekannt. Die so genannte *Freiheitsstatute* in *New York*, ist in Wirklichkeit die *Göttin Mithra*. Diese war auch als *sol invictus*, die *unbesiegbare Sonne* bekannt. Ein ganz *bestimmter Tag,* wurde für die Sonnenanbetung abgesondert auf *lateinisch dies solis*, zu *deutsch*: *Sonntag*. Der Begriff kommt daher und meint den Tag der *Sonnenanbetung*.

Es geht also darum, an welchem Tag welcher Gott angebetet wird. Der Gott der Bibel wird Sie nicht erhören, wenn Sie ihn am Tag der Sonnenverehrung, also am Sonntag anbeten. Denn diesen Tag hat sein Gegenspieler sich dafür ausgesucht. Der Gott der Bibel verlangt, dass der *Samstag* heilig gehalten wird. Und das bedeutet u. a. an diesem Tag nicht seinem Beruf oder einem Geschäft nachzugehen.

Die Satzungen

Auch verschweigt die *katholische* Kirche, dass die *Satzungen*, z. B. bzgl. der *Speisevorschriften* noch immer in Kraft sind. **3. Mose 20:8:** *Darum haltet meine Satzungen und tut sie; denn ich, der HERR, bin es, der euch heiligt.*

Diese verbieten nicht nur, aber auch den Konsum von dem in Deutschland beliebten Schweinefleisch. Man findet sie in **3. Mose 11:1-43:** *Das Gesetz über die reinen und unreinen Tiere.*

Was sagt die Bibel darüber, wenn wer auch immer, ein anderes Evangelium predigt als das der Bibel? Es findet sich in **Galater 1:8:** *Wer euch aber ein anderes Evangelium verkündet, als wir euch verkündet haben, der sei verflucht.*

Und 1. Johannes 3:8 können wir entnehmen, welchen Geistes Kind die *katholische* Kirche ist: *Wer Sünde tut, der ist vom Teufel; denn der Teufel sündigt von Anfang an.*

Soviel zur Behauptung der *katholischen* Kirche, dass sie die einzig wahre Kirche sei und sogar die Stellvertretung Gottes auf Erden.

Die Symbolik des Vatikans

Neben heidnischen Bräuchen und Lehren, verwendet die *katholische* Kirche auch reichlich *heidnische* und *satanische* Symbole.

Das Kreuz

Viele halten das *Kreuz* für ein *christliches* Symbol, doch dem ist *nicht* so. In der Bibel findet sich kein Hinweis darauf. Das Kreuz ist ein *heidnisches* Symbol und symbolisiert die vier *Äquinoktien*. Der *horizontale* Balken stellt die beiden *Tag- und Nachtgleichen* da und der *vertikale* Balken die *Sonnenwenden*.

Davon abgesehen ist die Verwendung eines Kreuzes an dem *Jesus* hängt, gleich einer *Trophäe* eines Jägers. Ich vermute, dass die katholische Kirche es genau *deshalb* verwendet. Das gilt insbesondere für das *gebogene* Kreuz, welches *Satanisten* 666 n. Chr. als *Karikatur* geschaffen haben. *Papst Paul II.* übernahm dieses gebogene Kreuz seiner Vorgänger. Auch kann man auf *päpstlichen* Gewändern häufig das *Templerkreuz* oder das *eiserne Kreuz* sehen, alles *heidnischen* Ursprungs.

Die Mithra

Der Papst und andere kirchliche Würdenträger, tragen bisweilen eine *Mitra* oder anders ausgedrückt *Fischkopfmütze* auf dem Haupt. Diese stammt, wie so vieles, aus dem alten *Babylon*.

Drachen

Im *Petersdom* findet man ziemlich viele Drachendarstellungen, sei es als Wandmalerei oder Statuen. Und der *Drache* ist in der Bibel eindeutig zugeordnet, siehe **Offenbarung 12:9:** *Und es wurde hinausgeworfen der große Drache, die alte Schlange, die da heißt der Teufel und Satan, der die ganze Welt verführt, und ward geworfen auf die Erde, und seine Engel wurden auch dahin geworfen.*

Sonnensymbolik

Vor dem *Petersdom* befindet sich der *Petersplatz*, auf welchem ein großes *Sonnenrad* dargestellt ist. Die *Sakristei* stellt ebenfalls die Sonne dar und die *katholische* Kirche, hat den uralten Tag der *Sonnenanbetung*, den Sonntag als *heilig* zu halten bestimmt.

Und ebenso befindet sich auf dem *Petersplatz* ein *Obelisk* – typisches *Freimaurersymbol*, wie z. B. auch die *Pyramide*. Ebenso kann man auf vielen Statuen einen *Pinienzapfen* sehen. Dieser repräsentiert das *dritte Auge* und stammt aus dem *Hinduismus* und der *ägyptischen* Mythologie.

Deshalb wird die *katholische* Kirche in der Bibel als die „Die große Hure Babylon" bezeichnet. Denn sie ist die Trägerin aller *babylonischen* Kulte.

Papst Johannes Paul II.

E r war sicher mit Abstand, der populärste Papst aller Zeiten.

Und er war einer der *katholischen* Götzen, der schon zu Lebzeiten *verehrt* und *angebetet* wurde. Aber wer war dieser Mann eigentlich *bevor* er Papst wurde?

Karel Wojtyla

In den frühen 1940'er Jahren, beschäftigte das Chemie-Unternehmen IG-Farben, einen *polnischen* Geschäftsmann, der das *Zyanid* an die *Nazis* verkaufte, welches in *Auschwitz* zu Gebrauch kam. Der gleiche Geschäftsmann, arbeitete ebenfalls als Chemiker, an der Herstellung des Giftgases. Dieses Zyanid zusammen mit Zyklon B und Malathion, wurde benutzt, um Millionen *Juden* und andere Menschen zu vernichten, deren Körper danach in Öfen zu Asche verbrannt wurden.

Nach dem Krieg hatte der Geschäftsmann um sein Leben gefürchtet, ist der *katholischen* Kirche beigetreten und wurde 1946 zum Priester geweiht. Dieser Geschäftsmann, wurde 1958 zu *Polens* jüngstem Bischof geweiht. Nach einer Regierungszeit von 30 Tagen wurde sein Vorgänger ermordet und unser Ex-Zyanid-Geschäftsmann hat das Amt des Papstes übernommen, als *Papst Johannes Paul II.*

Aus dem Buch: ‚Behold a pale horse' von William Cooper, 1991 (Seite 89-90).

Die Jesuiten und der schwarze Papst

Die *Jesuiten* haben soviel mit *Jesus* zu tun, wie ein *Eunuche* mit der *Schwangerschaft – Absolut* gar nichts!

Der *Orden der Jesuiten* ist eine quasi *militärische* Organisation. Sie hat auch ein *General*, den *schwarzen Papst*, seit 1983 mit einem *Deutschen* besetzt. Es handelt sich um *Peter-Hans Kolvenbach*.

Übrigens ist der amtierende *Papst Franziskus I.* ein *Jesuit*. Das ist mit Sicherheit *kein* Zufall, denn schließlich befindet sich die NWO auf der Zielgeraden - da läßt man natürlich nicht irgend jemand ans Ruder.

Die *Hierachie* des *Jesuitenordens* beginnt ganz oben mit *Satan*, dem direkt der *schwarze Papst* untergeordnet ist. Dem folgt der *weiße Papst* und dann der *Erzbischof von New York* und diesem unterstehend die *Ritter von Malta*, und die *Ritter von Kolumbus*. Der *General der Jesuiten* kontrolliert die *Freimaurerei*, die *Mafia*, internationale Banken, den *Club of Rome*, den *Opus Dei* und die gesamte *New-Age-Bewegung*.

Dass sagte *Napoleon Bonaparte* über die *Jesuiten*: „Die Jesuiten sind eine *militärische* Organisation, kein *religiöser* Orden. [...] Und die Absicht dieser Organisation ist Macht –

Macht in ihrer *despotischsten* Anwendung. *Absolute* Macht, *universelle* Macht, die Macht den Willen *eines jeden Menschen* zu kontrollieren."

Eine aufschlussreiche Aussage *Hitlers* in diesem Kontext lautet: „Vor allem habe ich vom *Jesuitenorden* gelernt". [...] „Bislang habe es niemals etwas grandiosere auf der Erde gegeben, als die hierachische Organisation der *Katholischen* Kirche. Ich habe vieles davon in meine Organisation übernommen. Ich sage Ihnen ein Geheimnis [...] Ich bin dabei einen Orden zu gründen [...] In meinen Burgen des Ordens, werden wir eine Jugend erziehen, welche die Welt *erzittern* lassen wird." Dann stoppte er und sagte mehr könne er nicht erzählen. Das berichtete *Hermann Rauschning*, ehemaliger NS-Regierungschef in *Danzig*.

Und der Eid des *unbedingten Gehorsams* dem Führer gegenüber, ähnelt sehr stark dem *Eid*, den die *Jesuiten* dem Papst schwören. Auch sprach *Hitler* von seiner SS-Elite, wie von seinem *Jesuitenorden*. Und der Führer befahl den SS-Offizieren, die ‚Exercitia spiritualia' - zur Übung in der unbeugsamen Disziplin des Glaubens, zur Pflichtlektüre.

Auch eine Aussage von SS-Brigadeführer *Walter Schellenberg* ist interessant: „Die SS wurde von *Himmler* in Übereinstimmung mit den Prinzipien des *Jesuitenordens* aufgebaut. Die Regeln und spirituellen Übungen, beschrieben von *Ingnatius Loyola*, waren das Model, das *Himmler* zu kopieren versuchte. [...] „Reichsführer SS", der Titel den *Himmler* als oberster Chef der SS trug, war das Äquivalent des *Generals der Jesuiten* und die gesamte Ausrichtung der Struktur, war eine Nachahmung der Hierarchie der *katholischen* Kirche. Ein mittelalterliches Schloss in *Westpfahlen*, *Wewelsburg* genannt, wurde restauriert und das SS-Kloster genannt."

Fazit: Der *Nationalsozialismus*, sowie der *Faschismus* überhaupt, sind eine *Kreation* des *Jesuitenordens* und der *Vatikan* hat auch hier, seine schmutzigen Finger im Spiel gehabt. Aber es ist noch nicht vorbei und diesmal wird alles noch viel schlimmer als unter *Hitler*, *Mussolini*, *Pavelic* und Konsorten.

Die Neue Weltordnung

Die NWO-Verschwörung komplett zu erläutern, das würde den Rahmen dieses Buches sprengen.

Deshalb werde ich nur kurz erklären worum es geht und mich dann auf die Rolle des *Vatikans* dabei konzentrieren. Bei der *Neuen Weltordnung* geht es darum, eine *Weltdiktatur* mit *Weltregierung, Weltwährung, Weltpolizei* und einer *Weltreligion* zu etablieren. Die Blaupause dafür ist die *Europäische Union* und die Staaten *Europas,* allen voran *Deutschland* und der *Vatikan* sind die treibenden Kräfte dahinter.

Aber es gehören auch Organisationen dazu wie z. B. die *Trilaterale Commision (TLC),* der Council of Foreign Relations (CFR), der *Bilderberger-Club,* die *UNO* und der *Club of Rome.* Auch jede Menge *Marionetten* in diversen Regierungen gehören der Verschörung an und forderten wiederholt eine *Neue Weltordnung*. Da wären mehrere US-Präsidenten, wie *Bush senior, Clinton, Bush junior,* aber auch *Henry Kissinger.* Ebenso *Hans-Dietrich Genscher, Angela Merkel* oder auch der Ex-Präsident des *Iran Ahmadinedschad*.

Und der *Vatikan* ist eifrig dabei, sich um die Vorbereitungen zu kümmern. Dazu gehören in erster Linie die Vollendung der *europäischen Einigung* zu einer *politischen* Union. Und da es sich dabei um die letzte Auferstehung des *Heiligen Römischen Reiches* handelt, d. h. die *katholische* Kirche mit an Bord sein wird, muss es vorher noch zur *Ökumene* kommen, das meint die Wiedervereinigung der *katholischen* Kirche mit den *protestantischen* Kirchen.

Vatikan und NWO

Bereits *Paul VI.* hat sich mehrmals für die NWO ausgesprochen. Vor der UN im Mai 1976 sagte er: [...] „diese neue internationale Ordnung muss unaufhörlich aufgebaut werden." Dann wieder am 18. September 1977: „Anstrengungen müssen gemacht werden, da der Aufbau einer neuen Weltordnung unvermeidlich ist." Und nochmals am 24 Mai 1978: „Wir sind uns bewusst, dass der Pfad, welcher in die NWO führt, so kurz wie möglich sein sollte."

Papst Johannes Paul II.

Aber auch *Papst Johannes Paul II.* war ein eifriger Diener der NWO. Am 27. November 1983 veröffentlichte er eine päpstliche Bulle, die für Katholiken die Mitgliedschaft in Geheimgesellschaften legalisierte.

Am 27. Oktober 1986 hatte *Papst Johannes Paul II. alle Führer* der Weltreligionen, nach *Assisi* in *Italien* eingeladen, zu einem *Weltgebettag* für den Frieden. Bei diesem Treffen stellte der *Dalai Lama* eine *buddhistische* Figur auf den *Tabernakel der Kirche*.

Dort hatten sich *Schlangenanbeter*, *Feueranbeter*, *Spiritisten*, *Animisten*, *Buddhisten*, *Moslems*, *Hindus* und nordamerikanische *Medizinmänner* versammelt. Der Papst behauptete, dass alle Religionen gleich seien, inklusive *Satanismus*, *Voodoo* und Formen von *Stammesreligionen*. Die Bibel *verbietet* eindeutig die Teilnahme an *heidnischen* Zeremonien.

Nicht nur, aber wohl auch dafür, verlieh ihm im Dezember 1996 die *Grand Orient Loge* der *italienischen* Freimaurerei, ihre höchste Auszeichnung, den *Orden von Galiläa*. Dies geschah als Ausdruck des Dankes für die Bemühungen die er machte, für die Unterstützung *freimaurerischer Ideale*. Der Vertreter der *italienischen* Freimaurerei bemerkte, dass *Johannes Paul II.* diese Ehre verdient hätte, weil er die *Werte der universellen Freimaurerei* unterstützte.

Aber er kümmerte sich nicht nur um *Weltreligion* und *Freimaurerei*, sondern auch um die *europäische Einigung*. Hierzu ein Artikel von ‚EUbusiness.com' vom 12. Januar 2003: *Pat Cox*, Präsident des Europäischen Parlaments, hat Papst *Johannes Paul II.* eingeladen, zur Versammlung zu sprechen, um die Schlüsselrolle des Papstes bei der Wiedervereinigung *Europas* zu unterstreichen, sagte sein Sprecher am Sonntag. Der *irische* Präsident der Parlamentarischen Versammlung des Europarates hofft, dass der Besuch in der zweiten Hälfte dieses Jahres stattfinden wird, zu einer historischen Zeit für die Europäische Union vor ihrer Erweiterung im nächsten Jahr.

Und am 2. Januar 2004 vermeldete Vatican City (AP): „Der Papst hat im neuen Jahr, am Donnerstag einen neuen Aufruf für Frieden im Nahen Osten und Afrika und die Erschaffung einer Neuen Weltordnung gemacht."

Papst Benedikt XVI.

Auch sein Nachfolger *Benedikt XVI.* war nicht untätig in Sachen Belebung der *christlichen Wurzeln Europas* und der *Ökumene*. Als Papst *deutscher* Abstammung, wandte er sich vor allem an die Deutschen und Österreicher. Es folgen Auszüge aus Artikeln anlässlich des Besuchs *Papst Benedikts XVI.* in *Deutschland* 2011. ‚Deutsche Welle' schrieb am 18. September:

Kanzlerin Merkel drängt Christen zur Einheit

[...] „Ich denke es ist wichtig, die Einheit der Christen, konstant auszubauen, in einer Zeit wo diese sich mit wachsender Säkularisierung konfrontiert sehen", sagte *Merkel*.

‚BBC News' berichtete darüber am 22. September: [...] Kanzlerin *Merkel*, Tochter eines lutherischen Pastors, die in *Ostdeutschland* aufwuchs sagte, die Vereinigung der Christen wird der Fokus des Papstbesuches sein. [...] Der *katholische* Bundestagspräsident *Norbert Lammert* sagte, als er den Papst willkommen hieß: *„Niemals zuvor hat ein Papst vor einem gewählten deutschen Parlament gesprochen."* […] *„Wir müssen nicht nur über die Vereinigung der katholischen und protestantischen Kirchen reden, sondern wir müssen auch etwas tun um dies zu erreichen."*

Und nochmals ‚Deutsche Welle' am 22. September: Der Papst sei mit Salutschüssen und militärischen Ehren, und von Präsident Wulff empfangen und begrüßt worden. Wulff habe zum Papst gesagt: „Willkommen zu Hause, heiliger Vater!" In seiner Ansprache sagte er weiter, dass Millionen Menschen sich auf den Besuch des Papstes gefreut hätten. „Obwohl Kirche und Staat in Deutschland getrennt seien, bedeute dies nicht, das die Kirche abseits der Gesellschaft stünde, sie ist die Mitte der Gesellschaft. Ihr Besuch wird alle Christen und Menschen in Deutschland stärken", habe Wulff gesagte.

Der Papst habe klar gemacht, dass die katholische Kirche die einzig wahre Kirche ist – die protestantischen Kirchen seien keine und sollten zur katholischen Kirche zurückkehren, sowie deren Doktrinen akzeptieren. […]

Die ‚Trumpet' schrieb am 13. September 2007:

Der Papst ruft Österreich dazu auf, sein katholisches Erbe wieder zu beleben.

Papst Benedikt XVI. beendete einen 3-tägigen Besuch in

Österreich, wo vor dem Präsidenten, dem Parlament und Diplomaten gesprochen hatte.

Er sagte, das *europäische* Haus sei nur dann ein guter Platz zum leben für alle, wenn es auf einem soliden kulturellen und moralischen Fundament, gemeinsamer historischer und traditioneller Werte stehe. *Europa* könne und dürfe nicht seine *christlichen* Wurzeln verleugnen. Der Papst rief *Europa* ebenso dazu auf, mehr Verantwortung in der Welt zu übernehmen, indem es seine intellektuelle Tradition, seine außergewöhnlichen Ressourcen und seine starke Wirtschaftskraft dazu nutze, Armut zu bekämpfen und den Frieden zu erhalten. Hierbei bezog er sich vor allem auf *Afrika* und den *Nahen Osten*. [...]

Er schloss mit den Worten, dass *Österreich* das was es ist und besitzt aufgrund seines christlichen Glaubens sei und ohne diesen wäre es nicht mehr *Österreich*. In seiner Stellungnahme zur EU-Verfassung sagte er, dass *Europa* entweder eines mit lebhaften *katholichen* Glauben sei oder überhaupt keines.

Maitreya

Wie schon im ersten Kapitel erwähnt, wird in Kürze ein *spiritueller Weltenlehrer* namens *Maitreya* auf der Weltbühne erscheinen und wohl als *wiederkehrender Messias* angepreist werden.

Laut seinem Presesprecher *Benjamin Creme* befindet

Maitreya sich bereits seit 1986 in *Rom* wartet auf eine *weltweite* Einladung seitens der *Medien*, um vor den Menschen im *Radio*, *Fernsehen* und *telepathisch* in **allen** Köpfen der Erdenbürger als *Christus*, *Imam Madhi*, *Maitreya - Buddha*, *Krishna* oder *Messias* zu reden. Dieser Tag wird *Deklarationstag* genannt, der Tag der Bekanntmachung.

Laut *Maitreya* soll es einen weltweiten Börsenkrach geben, den er als Anlass seines Auftritts nehmen wird. Alle Menschen würden erkennen, dass Christus jetzt wieder leiblich in der Welt und sie in ihm einen spirituellen Lehrer haben, der in der Lage ist, Wege aus der jetzigen politischen, wirtschaftlichen, umweltmäßigen und entwicklungspolitischen Situation aufzuzeigen. *Maitreya* drängt sich nicht auf, sondern wartet, bis die Medien und Menschen genügend Engagement zeigen, ihn in ihre Mitte aufzunehmen.

RFID-Chip & Malzeichen

Es wird immer wieder vermutet, das Malzeichen des Tieres, aus **Offenbarung 13** sei ein *RFID-Chip*, der unter die Haut gepflanzt wird und wie ein Barcode die Ziffer **666** enthält. Diesen Chip gibt es bereits. Er wird in der *Neuen Welt Ordnung* auch *obligatorisch* werden. Aber es ist nicht das *Malzeichen des Tieres!* Allerdings wird er dazu benutzt werden, das eigentliche Malzeichen des Tieres mit *staatlichem Zwang* durchzusetzen. Um verstehen zu können, was das Malzeichen des Tieres ist, muss man wissen worum es sich beim *Siegel Gottes* handelt.

Das Malzeichen des Tieres erhält man an der rechten Hand oder der Stirn, wenn man den *Sonntag* als Tag der Anbetung hält und die Gebote Gottes mißachtet. Das Siegel Gottes werden die Auserwählten vor der Entrückung auf ihrer Stirn erhalten.

Warum gibt es für das eine Maleichen *zwei* Optionen und für das andere nur *eine*? Die rechte *Hand* meint symbolisch die *Handlungen des Menschen*. Dort werden alles das Malzeichen des Tieres erhalten, die bewusst so handeln, um sich *keine Unannehmlichkeiten* einzuhandeln. An der *Stirn* erhalten die das Malzeichen des Tieres, welche *die Wahrheit kennen*, aber aus *Überzeugung* so handeln. Das *Siegel Gottes* erhält man deshalb *nur* an der *Stirn*, weil es *nicht* ausreicht die Wahrheit zu kennen, sondern man muss *auch* entsprechend handeln, d. h. die *Gebote* und *Satzungen* Gottes halten.

Die Ausserirdischen

Es gibt meiner Meinung nach keine *Ausserirdischen* im Sinne von *physischen* Wesen. Allerdings könnte man die *Engel* Gottes, sowie auch *Satan* und seine *gefallenen Engel*, als Ausserirdische bezeichnen.

Und bei dem kommenden *Erstkontakt* bzw. eventuell auch einer *gefakten Alieninvasion*, wird es sich um geklonte *Hybridwesen* handeln, die von *Dämonen* besessen sind.

Das ist ein *fester Bestandteil* der *NWO-Agenda* und quasi die letzte *Trumpfkarte*.

Wenn Sie sich im Internet umsehen, auf diversen Seiten oder auch bei *YouTube*, dann werden Sie jede Menge Material zum Thema finden. Es gab sogar bereits eine *Anhörung vor dem US-Kongress* wegen der angeblichen *Ufo-Vertuschung* durch die *Regierung*. Ja, es gibt *UFO's* und zwar *zweierlei* Art. Das eine sind die, welche als *angebliche Lichtschiffe* aus *höheren Dimensionen* bezeichnet werden. Das ist allerdings eine *Lüge*, denn es handelt sich dabei um *Dämonen*, die jegliche Erscheinungsform imitieren können. Und es gibt auch materielle *Flugscheiben*, welche z. Zt. des *Dritten Reiches* von den *Deutschen* konstruiert und bei der *Absetzbewegung* gegen Ende des Krieges, mitgenommen wurden.

Diese werden beim *Erstkontakt* bzw. einer angeblichen *Alieninvasion* zum Einsatz kommen. Als Beleg für diese These, hier ein Artikel des ‚P.M.-Magazins' vom April 2012:

Die Gottesbedrohung aus dem All – Wie der Vatikan sich auf die Landung von ausserirdischen vorbereitet

Nicht wenige sind unter den S.E.T.I.-Mitgliedern (Search for extraterrestial intelligience), die glauben, ein Erstkontakt mit der dritten Art, stehe unmittelbar bevor. Unbekannt war bisher, dass auch die Kirchen sich auf ein solches Ereignis vorbereiten. [...] „Den Fehler den wir mit *Galileo* gemacht haben, werden wir nicht noch einmal machen", erklärte *Vatikan* Astronom *Guy Consolmagno*.

„Ausserirdische sind unsere Brüder. Wenn wir *irdische Kreaturen* als *Bruder* und *Schwester* betrachten, wieso sollten wir dann nicht auch von einem *ausserirdischen Bruder* sprechen können?", fragte der päpstliche Chefastronom *Jose Gabriel Funes*, in einer *italienischen* Zeitung. Und zu Spiegel-Online sagte derselbe Herr: „Der Glaube an Ausserirdische steht nicht im Widerspruch zum Glauben an Gott."

Und es *könnte* sogar sein, dass dies in der Bibel prophezeit ist und zwar in **2. Thessaloniker 2:11-12:** *Und deshalb sendet ihnen Gott eine wirksame Kraft des Irrwahns, daß sie der Lüge glauben, auf daß alle gerichtet werden, die der Wahrheit nicht geglaubt, sondern Wohlgefallen gefunden haben an der Ungerechtigkeit.*

In Verbindung mit **1. Timotheus 4:1:** *Der Geist aber sagt deutlich, dass in den letzten Zeiten einige von dem Glauben abfallen werden und verführerischen Geistern und teuflischen Lehren anhängen [...]* und **2.Timotheus 4:3:** *Denn es wird eine Zeit kommen, da werden sie die gesunde Lehre nicht ertragen, sondern sich selbst nach ihren eigenen Lüsten Lehrer beschaffen, weil sie empfindliche Ohren haben; [...]* könnte diese NWO-Täuschung wahrscheinlich damit gemeint sein.

Reaktionäre Tendenzen

In einigen Staaten der ehemaligen *Achsenmächte*, kann man Tendenzen zur *erneuten* Etablierung des *Faschismus* und der Annäherung zwischen *Kirche* und *Staat* erkennen. Zwar in durchaus *unterschiedlicher* Ausprägung, aber doch in *dieselbe* Richtung.

Deutschland

Der Zerfall *Jugoslawiens*, begann mit der *kroatischen* Unabhängigkeitserklärung und der *Vatikan* und *Deutschland* waren *Strippenzieher* und *Protektoren* dieses Projektes. Beide erkannten es, gegen den *Widerstand* der *EU*, der *USA* und der *UNO*, innerhalb von wenigen Tagen diplomatisch an. Eine *eindeutige* Parallele zu den 1940'ern. Und wie oben bereits erwähnt, gibt es hier auch Bestrebungen zur Ökumene.

Kroatien

Kroatien wählte 1991 das *Ustasha*-Enblem als Staatswappen, führten als Währung die *Kuna* ein, die nur im *faschistischen Kroatien* existierte, und holte *Exil-Faschisten* aus *Südamerika* in die *Regierung*. Der *Vatikan* hatte 1945 zahlreichen Mitgliedern der *Ustasha*, die Flucht nach *Südamerika* ermöglicht und begrüßte die Staatsgründung. Er finanzierte diese auch mit ungeheuren Geldsummen mit.

Spanien

Das beste Beispiel aber, finden wir in Spanien. Kein Wunder, den hier regierte *Francos* Regime für ein viertel Jahrhundert. Der *Katholizismus* ist hier zwar nicht mehr die Staatsreligion, aber dennoch sind Staat und Kirche so miteinander verflochten, dass es schwer ist zu sagen, wo das eine beginnt und das andere aufhört. Gesonderte *steuerliche Behandlung*, der *Staat bezahlt katholische Religionslehrer* und gibt der Kirche jährlich 11 Mrd. Euro. Und das obwohl *Spanien* sich in der Finanzkrise befindet.

Im Jahr 2013 drückte die Volkspartei einige hoch umstrittene Schulreformen durch. Ein neues Gesetz erlaubt der Regierung, die Fortführung der Unterstützung von *katholischen* und Geschlechter getrennten Privatschulen, was durch die Vorgängerregierung gestoppt worden war. Es macht ebenso den Religionsunterricht obligatorisch. Die Klassen werden von Lehrern unterrichtet, die dem *Bischof unterstehen*, aber vom *Staat bezahlt* werden.

Und das obwohl 70 % der *Spanier* gegen diese Gesetz sind, nur 27 % unterstützen es. Das niedrige Niveau an Zustimmung, könnte indizieren, dass dieses Gesetz auf Druck durch die Kirche zustande gekommen ist. Das neue Abtreibungsgesetz, findet ebenso Unterstützung durch die *katholische* Kirche. Beide Päpste, *Benedikt* und *Franziskus*, haben es beide persönlich gebilligt.

Was dies zeigt ist noch nicht ein *Spanien* wie unter *Franco*, aber es zeigt, dass die *katholische* Kirche wieder mehr in den Staat involviert wird. Und wenn der *Vatikan* erst einmal im Boot sitzt, steigt er gewöhnlich nicht mehr aus.

Die letzte und gewaltigste Aufersteung des „Heiligen Römischen Reiches", erneut unter der Führung von *Deutschland* und dem *Vatikan*, steht kurz bevor.

Was die Zukunft bringt

Es stehen der Menschheit laut Bibel, noch schlimme Zeiten bevor.

Aber wie man über viele andere Dinge wie z. B. die Kollaboration mit dem Faschismus, die Skandale der Vatikanbank und Mißbrauchsfälle in der Kirche, lieber schweigt, so redet man dort auch nicht über die *Prophetie der Bibel*.

Die *katholische* Kirche weiß darüber bestens Bescheid und auch die Töchter der Hure Babylon, wie z. B. die evangelische Kirche. Denn ist ist ja im **Buch der Offenbarung** verkündet, aber reden deren Geistlich davon? Nein, und zwar aus gutem Grund, denn das Wohl der Menschheit liegt denen nicht am Herzen.

Damit die LeserInnen wissen, was auf Sie zu kommt, gebe ich nun hier die entsprechenden Passagen aus dem **Buch der Offenbarung**, mit einigen Erklärung wieder.

Die Apokalypse im Buch der Offenbarung

Die folgenden *vier Reiter*, sind *symbolisch* zu verstehen, **nicht** buchstäblich. Warten Sie also nicht auf diese vier Reiter auf ihren Pferden, die werden so nicht kommen. Die *apokalyptischen Reiter* entsprechen den ersten *vier Siegeln* des *Buches* mit *sieben Siegeln*. Wenn der *erste* Reiter kommt, dann ist das Ende des Zeitalters sehr nahe, *wahrscheinlich* sieben Jahre verbleiben dann noch bis zur *Wiederkunft Jesu*.

Johannes sah in einer *Vision*, dass Gott in seiner Hand eine *Schriftrolle* hielt, die *7 Siegel* hatte, die über die *Endzeit* berichtete.

Offenbarung 6:1-17

Und ich sah, wie das Lamm eines von den Siegeln öffnete, und ich hörte eines von den vier lebendigen Wesen wie mit Donnerstimme sagen: Komm und sieh! Und ich sah, und siehe, ein weißes Pferd, und der darauf saß, hatte einen Bogen; und es wurde ihm eine Krone gegeben, und er zog aus als ein Sieger und um zu siegen.

Dieser Reiter zeigt das Erscheinen des *falschen* Messias an, welcher fast die gesamte Menschheit verführen wird.

Und als es das zweite Siegel öffnete, hörte ich das zweite lebendige Wesen sagen: Komm und sieh! Und es zog ein anderes Pferd aus, das war feuerrot, und dem, der darauf saß, ihm wurde gegeben, den Frieden von der Erde zu nehmen, damit sie einander abschlachten sollten; und es wurde ihm ein großes Schwert gegeben.

Zu diesem Reiter gibt es nicht viel zu erklären: Er kündigt schlicht und einfach den 3. Weltkrieg an. Es werden allerdings ungefähr drei Jahre vergehen, bis dieser zweite

Reiter kommt.

Und als es das dritte Siegel öffnete, hörte ich das dritte lebendige Wesen sagen: Komm und sieh! Und ich sah, und siehe, ein schwarzes Pferd, und der darauf saß, hatte eine Waage in seiner Hand. Und ich hörte eine Stimme inmitten der vier lebendigen Wesen, die sprach: Ein Maß Weizen für einen Dinar, und drei Maß Gerste für einen Dinar; doch Öl und Wein rühre nicht an!

Dieser Reiter deutet auf, Inflation und Hungersnöte hin. Und zum letzten Reiter sagt die Bibel alles nötige selbst.

Und als es das vierte Siegel öffnete, hörte ich die Stimme des vierten lebendigen Wesens sagen: Komm und sieh! Und ich sah, und siehe, ein fahles Pferd, und der darauf saß, dessen Name ist »der Tod«; und das Totenreich folgt ihm nach. Und ihnen wurde Vollmacht gegeben über den vierten Teil der Erde, zu töten mit dem Schwert und mit Hunger und mit Pest und durch die wilden Tiere der Erde.

Die Symbolik der Reiter impliziert auch die Dynamik der Ereignisse. Oft führt religiöse Täuschung zu Kriegen, Kriege wiederum zu Hungersnöten und Seuchen. Im 14. Jahrhundert starb in *Europa* mehr als ein Drittel der Bevölkerung an der Pest. In diesem Fall wird ein Viertel der Weltbevölkerung durch diese Ereignisse umkommen.

Da der Text bzgl. des fünften Siegels wahrscheinlich viele verwirren könnte, lasse ich diesen weg und schreibe nur wovon er handelt. Es handelt sich um das was als die ‚große Trübsal' bezeichnet wird. Nachdem die *vier Reiter* am galoppieren sind, wird es als nächstes eine weltweit *organisierte Verfolgung* der *wahren* Christen geben. Diese wird die *Inquisition*, die Verfolgungen der *Nazis* und in der *Sowjetunion* in den Schatten stellen.

Und ich sah, als es das sechste Siegel öffnete, und siehe, ein großes Erdbeben entstand, und die Sonne wurde schwarz wie ein härener Sack, und der Mond wurde wie Blut; und die Sterne des Himmels fielen auf die Erde, wie ein Feigenbaum seine unreifen Früchte abwirft, wenn er von einem starken Wind geschüttelt wird.

Und der Himmel entwich wie eine Buchrolle, die zusammengerollt wird, und alle Berge und Inseln wurden von ihrem Ort weggerückt. Und die Könige der Erde und die Großen und die Reichen und die Heerführer und die Mächtigen und alle Knechte und alle Freien verbargen sich in den Klüften und in den Felsen der Berge, und sie sprachen zu den Bergen und zu den Felsen: Fallt auf uns und verbergt uns vor dem Angesicht dessen, der auf dem Thron sitzt, und vor dem Zorn des Lammes! Denn der große Tag seines Zorns ist gekommen, und wer kann bestehen?

Das sechste Siegel spricht für sich und bedarf keiner Erklärung. Das siebte Siegel ist nicht so simple wie die vorhergegangen Siegel. Es ist komplex, da es aus *sieben* Posaunen, von welcher die *siebte* Posaune, die *letzten sieben Plagen* ankündigt, besteht. Das *siebente* Siegel besteht aus *sieben* Posaunen, die von *sieben* Engeln geblasen werden.

Offenbarung 8:6-9:21

Und die sieben Engel, welche die sieben Posaunen hatten, machten sich bereit, in die Posaunen zu stoßen.

Die erste Posaune

Und der erste Engel stieß in die Posaune, und es entstand Hagel und Feuer, mit Blut vermischt, und wurde auf die Erde geworfen; und der dritte Teil der Bäume verbrannte, und alles grüne Gras verbrannte.

Sie beschreibt einen Feuersturm, der ein Drittel aller Bäume und alles Gras verbrennt.

Die zweite Posaune

Und der zweite Engel stieß in die Posaune, und es wurde etwas wie ein großer, mit Feuer brennender Berg ins Meer geworfen; und der dritte Teil des Meeres wurde zu Blut, und der dritte Teil der Geschöpfe im Meer, die Leben hatten, starb, und der dritte Teil der Schiffe ging zugrunde.

Sie beschreibt einen gewaltigen Meteoriten, der ins Meer fällt und ein 1/3 der Meeretiere und der Schiffe vernichtet.

Die dritte Posaune

Und der dritte Engel stieß in die Posaune; da fiel ein großer Stern vom Himmel, brennend wie eine Fackel, und er fiel auf den dritten Teil der Flüsse und auf die Wasserquellen; und der Name des Sternes heißt Wermut. Und der dritte Teil der Gewässer wurde zu Wermut, und viele Menschen starben von den Gewässern, weil sie bitter geworden waren.

Sie beschreibt scheinbar einen anderen feurigen Kometen oder einen Asteroiden, der ein Drittel der Trinkwasservorkommen vergiftet oder unbrauchbar macht.

Die vierte Posaune

Und der vierte Engel stieß in die Posaune; da wurde der dritte Teil der Sonne und der dritte Teil des Mondes und der dritte Teil der Sterne geschlagen, damit der dritte Teil von ihnen verfinstert würde und der Tag für den dritten Teil seiner Dauer kein Licht habe, und die Nacht in gleicher Weise.

Weitere kosmische Störungen treten auf, die ein Drittel des Sonnen- Mond- und Sternenlichtes blockieren.

Offenbarung 8:13, spricht von den letzten drei verbleibenden Posaunen als den letzten „drei Wehen" – wegen ihrer großen und extremen Schwere.

Die fünfte Posaune

Und der fünfte Engel stieß in die Posaune; und ich sah einen Stern, der vom Himmel auf die Erde gefallen war, und es wurde ihm der Schlüssel zum Schlund des Abgrunds gegeben. Und er öffnete den Schlund des Ab-

grunds, und ein Rauch stieg empor aus dem Schlund, wie der Rauch eines großen Schmelzofens, und die Sonne und die Luft wurden verfinstert von dem Rauch des Schlundes.

Und aus dem Rauch kamen Heuschrecken hervor auf die Erde; und es wurde ihnen Vollmacht gegeben, wie die Skorpione der Erde Vollmacht haben. Und es wurde ihnen gesagt, dass sie dem Gras der Erde keinen Schaden zufügen sollten, auch nicht irgendetwas Grünem, noch irgendeinem Baum, sondern nur den Menschen, die das Siegel Gottes nicht an ihrer Stirne haben.

Und es wurde ihnen gegeben, sie nicht zu töten, sondern sie sollten fünf Monate lang gequält werden. Und ihre Qual war wie die Qual von einem Skorpion, wenn er einen Menschen sticht. Und in jenen Tagen werden die Menschen den Tod suchen und ihn nicht finden; und sie werden begehren zu sterben, und der Tod wird von ihnen fliehen.

Und die Gestalten der Heuschrecken glichen Pferden, die zum Kampf gerüstet sind, und auf ihren Köpfen [trugen sie] etwas wie Kronen, dem Gold gleich, und ihre Angesichter waren wie menschliche Angesichter. Und sie hatten Haare wie Frauenhaare, und ihre Zähne waren wie die der Löwen. Und sie hatten Panzer wie eiserne Panzer, und das Getöse ihrer Flügel war wie das Getöse vieler Wagen und Pferde, die zur Schlacht eilen. Und sie hatten Schwänze wie Skorpione, und Stacheln waren in ihren Schwänzen, und ihre Vollmacht bestand darin, den Menschen Schaden zuzu fügen fünf Monate lang. Und sie haben als König über sich den Engel des Abgrunds; sein Name ist im Griechischen Apollyon.

Die „erste Wehe" identifiziert die letzte Wiederauferstehung des *Römischen Reiches* – ein endzeitlicher *europäischer* Machtblock, der als „Tier" bezeichnet wird. Es wird als eine Macht beschrieben, die sich im Krieg mit anderen Nationen befindet. Seine Kriegsgeräte werden symbolisch als „Heuschrecken" beschrieben und sind höchstwahrscheinlich Helikopter, die den Menschen für fünf Monate Schmerzen und Qualen zufügen, ohne sie jedoch zu töten.

Der wahre Herrscher dieses Machtblocks ist „der Engel des Abgrunds" (**Offenbarung 9:11**) – *Satan* der Teufel. Dieser Krieg findet nach Beginn der großen Trübsal statt – nach der Zeit des Krieges zwischen *Europa* und den Nachfahren des ‚Hauses Israel' und *Juda*. Zu diesem Zeitpunkt sind die Nationen des ‚Hauses Israel' und *Juda* bereits besiegt, und die Überlebenden Gefangene dieser *europäischen* Macht.

Die sechste Posaune

Und der sechste Engel stieß in die Posaune, und ich höre eine Stimme aus den vier Hörnern des goldenen Altars, der vor Gott steht, die sprach zu dem sechsten Engel, der die Posaune hatte: Löse die vier Engel, die gebunden sind an dem großen Strom Euphrat! Und die vier Engel wurden losgebunden, die auf Stunde und Tag und Monat und Jahr bereitstanden, den dritten Teil der Menschen zu töten. Und die Zahl des Reiterheeres war zweimal zehntausend mal zehntausend; und ich hörte ihre Zahl.

Und so sah ich in die Gesichter die Pferde und die darauf saßen: sie hatten feurige und violette und schwefelgelbe Panzer, und die Köpfe der Pferde waren wie Löwenköpfe; und aus ihren Mäulern ging Feuer und Rauch und Schwefel hervor. Durch diese drei wurde der dritte Teil der Menschen getötet: von dem Feuer und von dem Rauch und von dem Schwefel, die aus ihren Mäulern hervorkamen. Ihre Macht liegt in ihrem Maul; und ihre Schwänze gleichen Schlangen und haben Köpfe, und auch mit diesen fügen sie Schaden zu.

Und die übrigen Menschen, die durch diese Plagen nicht getötet wurden, taten nicht Buße über die Werke ihrer Hände, so dass sie nicht mehr die Dämonen und die Götzen aus Gold und Silber und Erz und Stein und Holz angebetet hätten, die weder sehen, noch hören, noch gehen können. Und sie taten nicht Buße, weder über ihre Mordtaten, noch über ihre Zaubereien, noch über ihre Unzucht, noch über ihre Diebereien.

Die „zweite Wehe" beschreibt das Erscheinen einer eindringenden Armee von 200 Millionen Soldaten aus dem

Osten um „ein Drittel der Menschheit" zu vernichten. Augenscheinlich ist dies die dritte Phase eines totalen Weltkrieges, der zu jenem Zeitpunkt hauptsächlich zwischen dem *europäischen* Machtblock und einem Machtblock aus *asiatischen* Nationen stattfindet.

Offenbarung 11:15

Die siebente Posaune

Und der siebte Engel stieß in die Posaune; da ertönten laute Stimmen im Himmel, die sprachen: Die Königreiche der Welt sind unserem Herrn und seinem Christus zuteil geworden, und er wird herrschen von Ewigkeit zu Ewigkeit! [...] Und der Tempel Gottes im Himmel wurde geöffnet, und die Lade seines Bundes wurde sichtbar in seinem Tempel. Und es geschahen Blitze und Stimmen und Donner und ein Erdbeben und ein großer Hagel.

Die „dritte Wehe", die siebente Posaune der sieben Siegel besteht aus den *sieben letzten Plagen*. Sieben Engel schütten diese sieben letzten Plagen aus, die auch als „Schalen voll vom Zorn Gottes" beschrieben werden.

Offenbarung 14:6-11

Drei Engel künden Gericht an

Und ich sah einen anderen Engel inmitten des Himmels fliegen, der hatte ein ewiges Evangelium zu verkündigen denen, die auf der Erde wohnen, und zwar jeder Nation und jedem Volksstamm und jeder Sprache und jedem Volk. Der sprach mit lauter Stimme: Fürchtet Gott und gebt ihm die Ehre, denn die Stunde seines Gerichts ist gekommen; und betet den an, der den Himmel und die Erde und das Meer und die Wasserquellen gemacht hat!

Und ein anderer Engel folgte ihm, der sprach: Gefallen, gefallen ist Babylon, die große Stadt, weil sie mit dem Glutwein ihrer Unzucht alle Völker getränkt hat!

Und ein dritter Engel folgte ihnen, der sprach mit lauter Stimme: Wenn jemand das Tier und sein Bild anbetet und das Malzeichen auf seine Stirn oder auf seine Hand annimmt, so wird auch er von dem Glutwein Gottes trinken, der unvermischt eingeschenkt ist in dem Kelch seines Zornes, und er wird mit Feuer und Schwefel gepeinigt werden vor den heiligen Engeln und vor dem Lamm. Und der Rauch ihrer Qual steigt auf von Ewigkeit zu Ewigkeit; und die das Tier und sein Bild anbeten, haben keine Ruhe Tag und Nacht, und wer das Malzeichen seines Namens annimmt.

Offenbarung 16:1-21

Die sieben Zornschalen Gottes

Und ich hörte eine laute Stimme aus dem Tempel, die sprach zu den sieben Engeln: Geht hin und gießt die Schalen des Zornes Gottes aus auf die Erde!

Und der **erste** ging hin und goss seine Schale aus auf

die Erde; da entstand ein böses und schmerzhaftes Geschwür an den Menschen, die das Malzeichen des Tieres hatten und die sein Bild anbeteten.

*Und der **zweite** Engel goss seine Schale aus in das Meer, und es wurde zu Blut wie von einem Toten, und alle lebendigen Wesen starben im Meer.*

*Und der **dritte** Engel goss seine Schale aus in die Flüsse und in die Wasserquellen, und sie wurden zu Blut. [...]*

*Und der **vierte** Engel goss seine Schale aus auf die Sonne; und ihr wurde gegeben, die Menschen mit Feuer zu versengen. Und die Menschen wurden versengt von großer Hitze, und sie lästerten den Namen Gottes, der Macht hat über diese Plagen, und sie taten nicht Buße, um ihm die Ehre zu geben.*

*Und der **fünfte** Engel goss seine Schale aus auf den Thron des Tieres, und dessen Reich wurde verfinstert, und sie zerbissen ihre Zungen vor Schmerz, und sie lästerten den Gott des Himmels wegen ihrer Schmerzen und wegen ihrer Geschwüre, und sie taten nicht Buße von ihren Werken.*

*Und der **sechste** Engel goss seine Schale aus auf den großen Strom Euphrat; und sein Wasser vertrocknete, damit den Königen vom Aufgang der Sonne der Weg bereitet würde. Und ich sah aus dem Maul des Drachen und aus dem Maul des Tieres und aus dem Maul des falschen Pro-*

pheten drei unreine Geister herauskommen, gleich Fröschen. Es sind nämlich dämonische Geister, die Zeichen tun und ausgehen zu den Königen der Erde und des ganzen Erdkreises, um sie zum Kampf zu versammeln an jenem großen Tag Gottes, des Allmächtigen. — Siehe, ich komme wie ein Dieb! — Und er versammelte sie an den Ort, der auf hebräisch Harmageddon heißt.

*Und der **siebte** Engel goss seine Schale aus in die Luft; und es ging eine laute Stimme aus vom Tempel des Himmels, vom Thron her, die sprach: Es ist geschehen! Und es geschahen Stimmen und Donner und Blitze, und ein großes Erdbeben geschah, wie es dergleichen noch nie gegeben hat, seit es Menschen gab auf Erden, ein solch gewaltiges und großes Erdbeben.*

Und die große Stadt wurde in drei Teile [zerrissen], und die Städte der Heidenvölker fielen, und Babylon, der Grossen, wurde vor Gott gedacht, damit er ihr den Becher des Glutweines seines Zornes gebe. Und jede Insel entfloh, und es waren keine Berge mehr zu finden. Und ein großer Hagel mit zentnerschweren Steinen kam aus dem Himmel auf die Menschen herab, und die Menschen lästerten Gott wegen der Plage des Hagels, weil seine Plage sehr groß war.

Ziemlich schlechte oder besser gesagt üble Aussichten also, aber wenigstens wird auch die große Hure Babylon zerschmettert werden.

Offenbarung 18:2-20

Das Gericht über Babylon

Und er [ein Engel] rief kraftvoll mit lauter Stimme und sprach: Gefallen, gefallen ist Babylon, die Große, und ist eine Behausung der Dämonen geworden und ein Gefängnis aller unreinen Geister und ein Gefängnis aller unreinen und verhassten Vögel. Denn von dem Glutwein ihrer Unzucht haben alle Völker getrunken, und die Könige der Erde haben mit ihr Unzucht getrieben, und die Kaufleute der Erde sind von ihrer gewaltigen Üppigkeit reich geworden.

Und ich hörte eine andere Stimme aus dem Himmel, die sprach: Geht hinaus aus ihr, mein Volk, damit ihr nicht ihrer Sünden teilhaftig werdet und damit ihr nicht von ihren Plagen empfangt! Denn ihre Sünden reichen bis zum Himmel, und Gott hat ihrer Ungerechtigkeiten gedacht.

Vergeltet ihr, wie auch sie euch vergolten hat, und zahlt ihr das Doppelte heim gemäß ihren Werken! In den Becher, in den sie euch eingeschenkt hat, schenkt ihr doppelt ein! In dem Maß, wie sie sich selbst verherrlichte und üppig lebte, gebt ihr nun Qual und Leid! Denn sie spricht in ihrem Herzen: Ich throne als Königin und bin keine Witwe und werde kein Leid sehen! Darum werden an einem Tag ihre Plagen kommen, Tod und Leid und Hunger, und sie wird mit Feuer verbrannt werden; denn stark ist Gott, der

Herr, der sie richtet.

Und es werden sie beweinen und sich ihretwegen an die Brust schlagen die Könige der Erde, die mit ihr Unzucht getrieben und üppig gelebt haben, wenn sie den Rauch ihrer Feuersbrunst sehen; und sie werden von ferne stehen aus Furcht vor ihrer Qual und sagen: Wehe, wehe, du große Stadt Babylon, du gewaltige Stadt; denn in einer Stunde ist dein Gericht gekommen!

Und die Kaufleute der Erde weinen und trauern über sie, weil niemand mehr ihre Ware kauft, Ware von Gold und Silber und Edelsteinen und Perlen und feiner Leinwand und Purpur und Seide und Scharlach und allerlei Tujaholz und allerlei Elfenbeingeräte und allerlei Geräte aus wertvollstem Holz und aus Erz und Eisen und Marmor, und Zimt und Räucherwerk und Salbe und Weihrauch und Wein und Öl und Feinmehl und Weizen und Vieh und Schafe und Pferde und Wagen und Leiber und Seelen der Menschen.

Und die Früchte, nach denen deine Seele begehrte, sind dir entschwunden, und aller Glanz und Flitter ist dir entschwunden, und du wirst sie niemals mehr finden. Die Verkäufer dieser Waren, die von ihr reich geworden sind, werden aus Furcht vor ihrer Qual von ferne stehen; sie werden weinen und trauern und sagen: Wehe, wehe! die große Stadt, die bekleidet war mit feiner Leinwand und Purpur und Scharlach und übergoldet mit Gold und Edelsteinen und Perlen!

Denn in einer Stunde wurde dieser so große Reichtum verwüstet! Und jeder Kapitän und die ganze Menge derer, die auf den Schiffen sind, und die Matrosen, und alle, die auf dem Meer arbeiten, standen von ferne und riefen, als sie den Rauch ihrer Feuersbrunst sahen: Wer war der grossen Stadt gleich? Und sie warfen Staub auf ihre Häupter und riefen weinend und trauernd: Wehe, wehe! die große Stadt, in der alle, die Schiffe auf dem Meer hatten, reich gemacht wurden durch ihren Wohlstand! Denn in einer Stunde ist sie verwüstet worden! Freut euch über sie, du Himmel und ihr heiligen Apostel und Propheten; denn Gott hat euch an ihr gerächt!

Epilog

Welches Fazit kann man an dieser Stelle ziehen? Die Beweislage ist eindeutig und erdrückend. Die *römisch-katholische* Kirche ist das genaue Gegenteil von dem, wofür sich ausgibt.

Was sollte die Kirche nun tun? Zuerst sollte sie sich nicht mehr christlich, sondern nur noch *katholisch* oder *lutherisch* nennen, denn mit der Lehre *Jesu*, hat das aufgezeigte Verhalten, *nichts*, aber auch *gar nichts* zu tun.

Was könnten oder sollten Sie tun, falls Sie in der *katholischen* Kirche sind? Nun, ich würde vorschlagen dass Sie schleunigst austreten, damit Sie diese *verbrecherische* Organisation nicht mehr mit Ihrer *Kirchensteuer* unterstützen.

Und lassen Sie sich nicht von *Maitreya* und den *trügerischen* Zeichen und Wundern blenden und verführen, denn Sie wissen jetzt ja, wer dahinter steckt. Es handelt sich dabei *nicht* um *Jesus*, denn der wird erst wiederkommen, nachdem der große Abfall vom Glauben geschehen ist, wie es in **2. Thessalonicher 2:3-4** steht: *Lasst euch von niemand in irgendeiner Weise verführen! Denn es muss unbedingt zuerst der Abfall kommen und der Mensch der Sünde geoffenbart werden, der Sohn des Verderbens, der sich wi-*

dersetzt und sich über alles erhebt, was Gott oder Gegenstand der Verehrung heisst, so dass er sich in den Tempel Gottes setzt als ein Gott und sich selbst für Gott ausgibt.

Und laut der Ölbergpredigt, müssen auch noch einige andere Dinge geschehen, bevor *Jesus* zurückkommt. **Matthäus 24:3-30**: *Und als er auf dem Ölberg saß, traten seine Jünger zu ihm und sprachen, als sie allein waren: Sage uns, wann wird das geschehen? Und was wird das Zeichen sein für dein Kommen und für das Ende der Welt? [...] Ihr werdet hören von Kriegen und Kriegsgeschrei; seht zu und erschreckt nicht. Denn das muss so geschehen; aber es ist noch nicht das Ende da; denn es wird sich ein Volk gegen das andere erheben und ein Königreich gegen das andere; und es werden Hungersnöte sein und Erdbeben hier und dort. [...].*

Denn es wird dann eine große Bedrängnis sein, wie sie nicht gewesen ist vom Anfang der Welt bis jetzt und auch nicht wieder werden wird. [...] Sogleich aber nach der Bedrängnis jener Zeit wird die Sonne sich verfinstern und der Mond den Schein verlieren und die Sterne werden vom Himmel fallen, und die Kräfte der Himmel werden ins Wanken kommen. Und dann wird erscheinen das Zeichen des Menschensohns am Himmel. [...]

www.ingramcontent.com/pod-product-compliance
Lightning Source LLC
Chambersburg PA
CBHW071510040426
42444CB00008B/1573